ALFRED PEREIRE

AUTOUR

DE

SAINT-SIMON

DOCUMENTS ORIGINAUX

SAINT-SIMON, AUGUSTE COMTE
ET LES DEUX LETTRES DITES « ANONYMES »
SAINT-SIMON ET L'ENTENTE CORDIALE
UN SECRÉTAIRE INCONNU DE SAINT-SIMON
SAINT-SIMON ET LES FRÈRES PEREIRE

PARIS

LIBRAIRIE SPÉCIALE POUR L'HISTOIRE DE FRANCE

HONORÉ CHAMPION, ÉDITEUR

5, QUAI MALAQUAIS, 5

1912

AUTOUR DE SAINT-SIMON

DU MÊME AUTEUR

EN PRÉPARATION

Le Journal des Débats politiques et littéraires (à l'occasion d'un document inconnu) et augmenté d'une liste de ses rédacteurs depuis sa fondation jusqu'à nos jours.

Bibliographie Racinienne, ou description raisonnée de toutes les éditions des Œuvres de Jean Racine et des ouvrages relatifs à Racine et à ses écrits.

ALFRED PEREIRE

AUTOUR

DE

SAINT-SIMON

DOCUMENTS ORIGINAUX

SAINT-SIMON, AUGUSTE COMTE
ET LES DEUX LETTRES DITES « ANONYMES »
SAINT-SIMON ET L'ENTENTE CORDIALE
UN SECRÉTAIRE INCONNU DE SAINT-SIMON
SAINT-SIMON ET LES FRÈRES PEREIRE

PARIS

LIBRAIRIE SPÉCIALE POUR L'HISTOIRE DE FRANCE
HONORÉ CHAMPION, ÉDITEUR
5, QUAI MALAQUAIS, 5

1912

Il a été tiré de ce volume dix exemplaires sur papier de Hollande van Gelder Zonen.

N° 502

A MA FEMME

PRÉFACE

Il me souvient d'une réponse assez spirituelle qui me fut faite par un bibliothécaire à qui je demandais la communication d'un ouvrage assez rare de Saint-Simon : « Ah oui ! me dit-il, Saint-Simon le *saint-simonien* », voulant assurément marquer par là que j'entendais parler du « Comte » et non du « Duc ».

Dans les quelques notes et documents que je publie ici, il n'est question que du *comte* de Saint-Simon.

J'ai entrepris ces travaux à l'occasion d'un fonds d'archives privées conservé dans ma famille [1]. J'en poursuis le classe-

---

[1] Henri Fournel a légué à mon grand-père, Isaac Pereire, les *Archives* et la *Bibliothèque* des Saint-Simoniens. Pour éviter les causes d'erreur, nous nommerons « Fonds Fournel » tout ce qui proviendra de ces archives personnelles, afin de ne point établir de confusion avec les archives saint-simoniennes qui se trouvent à la Bibliothèque de l'Arsenal sous la rubrique « Fonds Enfantin. »

ment et j'en publierai les pièces susceptibles d'être des documents pour servir à l'Histoire de Saint-Simon et du Saint-Simonisme.

De ces Archives, j'ai extrait, en premier lieu, le manuscrit des deux fameuses lettres dites « anonymes » adressées par Auguste Comte à Saint-Simon. Je suis heureux d'en pouvoir donner la leçon originale. A ces documents privés, j'ai joint un manuscrit inédit que j'ai trouvé à la Bibliothèque de la ville de Paris. C'est une Notice sur les travaux et la vie de Saint-Simon, rédigés par un secrétaire. Je dois la découverte de ces précieux feuillets à l'obligeance bien connue de M. Henry-René d'Allemagne, bibliothécaire à l'Arsenal. Je le prie de vouloir bien agréer ici tous mes remerciements. Les renseignements que nous fournit ce secrétaire inconnu sur la vie du comte de Saint-Simon sont infiniment précieux. Nous avons eu maintes fois l'occasion de contrôler certaines de ses affirmations à la lumière de documents d'autre provenance. Toutefois, il nous a semblé qu'il était préférable de négliger ici les digressions inutiles qui abondent dans cette notice. Nous avons estimé qu'il ne convenait de ne donner du manuscrit que des fragments. On ne trouvera donc, en annexe, que les passages concernant M. de Saint-Simon et sa doctrine. Ces documents ont seuls de l'intérêt pour instruire le lecteur sur la vie du gentilhomme économiste. Hormis ces passages déjà assez importants, les autres feuillets, sauf le dernier que nous publions aussi, ne contiennent que des développements étrangers à notre sujet.

Quant à l'esquisse sur Saint-Simon, précurseur de l'entente cordiale, je la publie à cause de son opportunité.

Enfin, j'ai pensé qu'on m'excuserait de donner ici un fragment de la Biographie des Pereire qui sera placée en tête de l'édition de leurs œuvres complètes [1] dont la publication sera achevée d'ici peu. On verra quelle fut la contribution des deux Pereire à l'École saint-simonienne, quelles furent

1. Émile et Isaac Pereire, *Œuvres*. Paris, Alcan, 1912-.., 28 vol. in-8 (en préparation).

les raisons de leur dissidence et combien les idées de ces jeunes gens s'inspirèrent beaucoup plus de « Saint-Simon » que « des Saint-Simoniens ». J'ai toujours pensé qu'entre maître et disciples, qu'unissait une même pensée de réorganisation sociale, il existait des dissidences telles qu'il ne me paraît pas possible d'admettre dans les deux camps la survivance complète des mêmes idées. En parlant des Saint-Simoniens, M. Charlety [1] ne disait-il pas : « L'exposition de la Doctrine ne fut en aucune façon, comme on pourrait le supposer, un simple résumé des travaux antérieurs de l'École et de l'Œuvre de Saint-Simon : de toute part, elle constitue une œuvre originale. » Dans aucun de ses ouvrages, comme dans aucun de ses entretiens, Saint-Simon n'a souhaité voir se fonder autour de lui une religion dont il aurait été le Messie. Qu'il ait désiré l'apostolat pour ses idées, cela est hors de doute.

---

1. SÉBASTIEN CHARLETY, *Essai d'une histoire du Saint-Simonisme*. Paris, Hachette, 1896. In-8 de 498 p. (Cf. p. 63).

L'idée primordiale de Saint-Simon était de mettre de l'ordre dans la chose publique, de donner la prééminence à ceux qui sont les artisans du bien-être : les artistes, les manufacturiers, les agriculteurs. Il fallait, comme l'ont répété par la suite les frères Pereire, que « toutes les institutions sociales aient pour but l'amélioration physique, intellectuelle et morale du sort de la classe la plus nombreuse et la plus pauvre. » Mais tout cela ne pouvait coexister qu'avec un gouvernement d'autorité.

Les morceaux que j'ai réunis ici, sauf le dernier, ont déjà paru dans la *Revue historique* et dans le *Journal des Débats*.

Qu'il me soit permis de remercier ici le Directeur de la *Revue historique*, M. Gabriel Monod, de l'Institut, de l'honneur qu'il m'a fait en me donnant l'hospitalité de sa revue et M. le comte de Nalèche qui sut m'accueillir au *Journal des Débats* avec la bonne grâce et la courtoisie qui sont de tradition chez lui : je suis également reconnaissant à M. Eugène d'Eichthal, de l'Institut, qui, dans toutes les questions saint-simoniennes, est un maître aussi érudit qu'empressé, et à M. André Chaumeix qui me prodigua ses conseils avec une délicatesse dont je lui suis très amicalement obligé. Mais il m'est particulièrement doux d'offrir mes remerciements aux conservateurs et bibliothécaires de nos fonds publics qui n'ont cessé de faciliter mes recherches par une obligeance exquise. J'évoquerai ici deux noms de maîtres disparus : Paul Marchal, conservateur des Imprimés à la Bibliothèque Nationale, pour qui j'entretiens un culte affectueux, et José-Maria de Hérédia, qui, dans son cabinet de l'Arsenal, savait, en burinant ses *Trophées*, se souvenir qu'il était chartiste et bibliophile. Il vérifiait ainsi qu'en conservant la précieuse librairie de la rue de Sully, il n'était pas moins humaniste qu'en scandant ses alexandrins d'une molle saveur antique et d'un si pur classicisme.

Alfred Pereire.

AUTOUR DE SAINT-SIMON

SAINT-SIMON, AUGUSTE COMTE

ET LES DEUX LETTRES DITES « ANONYMES »

I.

Dans l'histoire du saint-simonisme et du positivisme, certains faits touchant les personnalités de Saint-Simon et de Comte sont incontestés : leurs rapports, leur collaboration, leur brouille définitive enfin. Plusieurs points cependant restaient obscurs. Il importait de les éclaircir.

Des discussions se sont élevées sur la date initiale de leurs relations et sur leur nature : deux lettres anonymes et non datées, lettres capitales au dire de tous, mais interprétées différemment, fortifient tour à tour l'argumentation de l'une ou l'autre école. Un fonds privé d'archives saint-simoniennes, aujourd'hui en notre possession, nous permet de reconstruire une page d'histoire, mal éclaircie dans ses détails, de la vie de Saint-Simon de 1816 à 1819.

En 1816, l'empire était tombé, et avec lui l'épouvantail des guerres. Henry Saint-Simon, toujours fécond d'idées, rêvait d'une révolution pacifique, d'une fraternité possible des hommes, déclarant l'Industrie suprême et toute-puissante. L'opinion n'était pas encore favorable aux idées nouvelles du socialiste. Il fallait la préparer par l'intermédiaire d'un parti. Saint-Simon, fréquentant chez le parti libéral, proposa aux célébrités et aux notabilités : aux députés, aux banquiers, aux commerçants, aux cultivateurs, etc...., de publier des volumes où ses idées seraient développées.

Il nous a paru intéressant de produire ici la lettre [1] qu'il leur écrivait. Nous la croyons inédite :

« *Henry Saint-Simon à messieurs les cultivateurs, les fabricants, les négociants et les banquiers.*

« Messieurs,

« J'entreprends de vous débarrasser de

[1]. Archives saint-simoniennes, ms. Fonds Fournel.

la suprématie exercée à votre égard par les courtisans, par les désœuvrés, par les nobles et par les faiseurs de phrases.

« Je m'engage à n'employer que des moyens légaux, loyaux et inoffensifs. Je m'engage aussi à vous faire obtenir dans un court espace de temps le premier degré de considération générale et la principale influence sur la direction des affaires publiques.

« J'ouvre une souscription pour me procurer le moyen de multiplier mes écrits et de les répandre avec profusion. Dès que l'opinion industrielle sera formée, rien ne pourra[1] lui résister.

« Vous verrez, Messieurs, que déjà des maisons de la première importance m'ont accordé leur appui.

« J'ai l'honneur d'être, Messieurs, votre très humble et très obéissant serviteur[2]. »

---

1. « Plus *r*, *effacé*.
2. Le cahier de souscription porte le titre suivant, manuscrit : *Souscription pour donner à Henry Saint-Simon le moyen de Multiplier* (sic) *et de répandre ses écrits*. A la fin de la lettre, on trouve un *post-scriptum* que voici : *La souscription n'engagera en rien pour la suite; elle sera une fois payée. Chacun souscrit pour la somme qu'il veut.*

Dans le document que nous possédons, nous avons trouvé ensuite une liste [1] de souscripteurs. Elle renferme des noms illustres. Il ne sera pas sans intérêt, pensons-nous, de la reproduire.

Voici les noms des souscripteurs et les sommes qu'ils versèrent :

MM.

Le duc Delarochefoucault (*sic*), pair de France	Fr. 1,000
Vital Roux, régent de la Banque	150
Flory, régent de la Banque	500
Périer frères, régents de la Banque	1,000
Perregaux, ancien banquier	1,000
Gabriel Delessert	200
Hottinguer, banquier	500
D. Andre et F. Cottier, banquiers	300
Ardouin, banquier	300
Claude, Georges Barillon, de l'Isle-de-France	300
Davilliers aîné	300
Saulty, receveur général	200
Roy, ministre des Finances	150
Guérin de Foncin, banquier	300

---

[1]. Archives saint-simoniennes, ms. Fonds Fournel. Le manuscrit porte la date de 1816; mais nous doutons que cette date ait été mise à l'époque de Saint-Simon.

MM.

Guiton et Cie, négociants. . . .	100
Hervé, ancien négociant	500
F.-A. Caron, ancien agent de change	500
Chaptal fils, manufacturier . . .	200
Vassal, négociant	150
Bartholdi, manufacturier. . . .	150
Hentsez-Blanc, banquier. . . .	300
Le duc de Broglie, pair de France.	200
I. Bérard et fils, banquiers . . .	150
Busoni, L. Goupy et Cie, banquiers	150
Boucherot et Cie, banquiers . . .	150
I. Lançon, négociant	150
I.-L. Rohard de Clichy, manufacturier	100
C.-L. Cadet de Gassicourt, pharmacien	400
Delambre, secrétaire perpétuel de l'Académie des sciences . . .	100
Cuvier, secrétaire perpétuel de l'Académie des sciences . . .	100
Odiot, orfèvre	100
P.-F.-G. Boullay, pharmacien . .	100
Berthollet, pair de France, membre de l'Académie des sciences .	100
Fould et Fould-Oppenheim, banquiers	200

MM.

Dumoustier, banquier.	100
Arago, membre de l'Académie des sciences.	100
Lanjuinais, pair de France, membre de l'Institut	100
Ch. Derosne, pharmacien	100
Augustin Renouard, libraire.	100
Bellange, manufacturier	100
J.-B. Say, professeur d'économie politique	100
Talma, artiste du Théâtre-Français	100
S. Berard, maître des Requêtes	100
Eug. Lafitte, agent de change	100
D'Arcet, manufacturier	100
Boudet, pharmacien	100
Manuel, agent de change	300
Cornisset-Desprez, négociant	100
F. Derosne, manufacturier	200
Santerre fils, raffineur de sucre.	100
Lecomte, négociant	100
Boigues, fabricant de fer.	100
Gonin, fabricant teinturier	200
G. Engelmann, fabricant.	100
De Lasteyrie, lithographe	100
Richard Lenoir, manufacturier.	100
Colin frères, manufacturiers.	100
Delaporte fils, manufacturier	100

MM.

Joly aîné, manufacturier de Saint-Quentin.	100
Hubert, négociant	100
Schlumberger, banquier	200
Longuemarre et Fréville, négociants	100
Jean Labat, raffineur de sucre . .	100
Ch. Hodelhofer, fabricant de Mulhausen	100
Besson aîné, négociant	100
G. Mandrou, manufacturier de draps	100
Odier, manufacturier	400
Michel, négociant	100
Duruflé, négociant en draps . . .	100
Moisson, négociant	100
De Brigode, député	100
Chauvelin, député	100
D'Argenson, député	500
Tarrayre, député	100
Lafayette, député	500
Humblot-Comte, député	100
Le général Thiart, député . . .	100
Delaroche, député	100
Falatieu, député.	100
Basterèche, député.	500
Casimir Périer, député	1,000
Kœchlin, député	150

MM.

Ternaux, député.	500
Saglio, député	100
Delaître, député.	100
Guilhelm, député	100
Grammont, député.	100
Boudi, député	100
Tronchon, député	100
Jobez, député	100
Simon, député	100
Paillard de Cleré, député.	100
A. Périer, député	100
Champy, député.	100
Prestat, négociant.	100
Sédillon, négociant	100
Lethelier, négociant	100
Perreau, négociant.	100
Dupluvinage, négociant	100
Daligny, négociant.	100
Barbe, Proyart et Cie, négociants	100
Jules May, négociant.	100
Victor Martin, négociant.	100
Lefebvre, négociant	100
Brunet jeune, négociant	100
Bonaric, négociant.	100
Nourtier, négociant	100
Mouroult, négociant	100
Dominique André, banquier.	300

MM.
Edme-Jean-Baptiste Laballe, négociant. 300
J.-B. Carrère et Cie, négociants . . 100
Danel père, filateur à Passy. . . 200
Vanard, négociant 100
Théodore Simon et Bezançon aîné. 100
A. Daudre, négociant 100
M.-C. Royer, négociant 100
Ch. Audiffret, banquier 100
A.-I. Buffault, régent de la Banque 100
Dumoustier et Bacot, fabricants . 100
Albinet frères, fabricants. . . . 100
Perdonnet, agent de change. . . 200
Ch. Depoully-Schirmer et Cie, fabricants. 100
Pépin-Lehalleur, fabricant . . . 100
Gohin, négociant 100
Delarue, agent de change . . . 200
Mussard, agent de change . . . 200
Brillantais, négociant 150
Valpinçon, négociant 200
D'Hubert, négociant 100
Millerai, fabricant d'acier . . . 100
L. Marchand, négociant 100
I.-Ch. Mousset, négociant . . . 100
Kœchlin frères 100
Pangin. 100

D'autre part, un document [1] manuscrit dont nous discuterons plus tard la provenance, trouvé à la Bibliothèque de la Ville de Paris, paraît confirmer les indications que nous venons de donner.

Nous lisons : « [Saint-Simon offrit à] quelques hommes éminents, dont les opinions se rapprochaient beaucoup des siennes, de publier chaque mois un volume broché de 3 à 400 pages... et de lui ouvrir un crédit de 10,000 fr. par mois...; la proposition fut acceptée... » Et plus loin : « Je sais seulement, dit l'auteur de ce manuscrit, que c'est chez M. Laffite que j'allais tous les mois toucher les 10,000 fr. convenus. » Et encore : « Plusieurs mois s'étaient écoulés ainsi, lorsque, pour des causes que je n'ai jamais bien sues, la subvention mensuelle prit fin. »

Quand on fait l'addition des sommes souscrites dans le document inédit que nous offrons, le total donne le chiffre d'une vingtaine de mille francs. Si les deux docu-

---

1. Bibl. de la ville de Paris (Lepelletier de Saint-Fargeau), ms. 18591, in-fol., n° 4. Cf. Documents annexes, n° II, *supra*.

ments concordent, l'auteur du manuscrit ne dut aller que deux fois chez Laffite.

Quoi qu'il en soit, Saint-Simon commença la publication des cahiers de l'Industrie [1] en décembre 1816, sous le titre suivant : *l'Industrie littéraire et scientifique liguée avec l'industrie commerciale et manufacturière, ou opinions sur les finances, la politique, la morale, la philosophie dans l'intérêt de tous les hommes livrés à des travaux utiles et indépendants.*

Cette publication parut chez Delaunay, libraire au Palais-Royal, en un volume de 291 pages imprimé chez Cellot, rue des Grands-Augustins, n° 9. Elles comprenaient un volume sur *les Finances*, travail de Saint-Aubin, membre du Tribunat. Au verso du faux titre, on lit : « Ce volume se composera de trois parties qui paraîtront successivement ; » 1re partie : *Sur les Finances*, par Saint-Aubin, membre du Tribunat ; 2e partie : *Considérations générales sur la politique*, par Augustin Thierry ; 3e partie : *Rapports de la France et de l'Amérique.* Ces trois parties parurent suc-

---

1. Édition originale, Fonds Fournel.

cessivement, en effet, en janvier et mars 1817 [1]. En avril, Saint-Simon, dans un prospectus *in-quarto* reproduit dans le *Censeur européen*, changea le titre, qui fut le suivant : *l'Industrie ou discussions politiques, morales et philosophiques dans l'intérêt de tous les hommes livrés à des travaux utiles et indépendants.*

Il annonçait un premier volume pour le mois de mai. Il parut à cette date. C'est la réimpression littérale des deux écrits précédents, celui de Saint-Aubin et celui de Thierry. Cette réimpression forme un volume, connu maintenant pour être le tome premier de l'Industrie.

Au premier volume de l'Industrie succéda le second volume, où Saint-Simon, lui-même, rédigeait la troisième partie annoncée : *Rapports politiques entre la France et l'Amérique* [2].

Saint-Simon, voyant le public s'intéresser à l'étude de M. Saint-Aubin comme à celle de Thierry (lequel s'intitulait : *Son fils adoptif*), se décidait à marcher de l'avant,

1. SAINT-SIMON, *Œuvres complètes*, II. 2 et sqq.
2. Ce volume parut sous le titre : *Lettres de H. Saint-Simon à un Américain* (mai 1817).

heureux de l'accueil fait à des idées aussi nouvelles.

Après ces deux publications, Henry Saint-Simon lance un second prospectus [1] précédé d'une lettre à MM. les publicistes. C'est là qu'allait se marquer une orientation nouvelle de l'œuvre entreprise. Il importe de reproduire le prospectus et la lettre, encore qu'ils ne soient pas inédits l'un et l'autre.

Voici la lettre :

Lettre de Henry Saint-Simon à MM. les publicistes

« Messieurs,

« Je crois avoir trouvé une bonne idée ; je m'empresse de vous la communiquer : c'est, à mes yeux, un devoir pour chacun

---

1. Le prospectus a paru déjà dans les *Œuvres complètes* (coll. Enfantin). Le second prospectus est du commencement de juin ou fin mai. Il fut envoyé le 4 à Chateaubriand, avec une lettre que voici :

Saint-Simon à Chateaubrillant (sic)

Monsieur,

J'ai eu l'honneur de vous envoyer le 4 de ce mois une copie de la circulaire suivante que j'ai adressée à *MM. les publicistes.*

Nous possédons du prospectus et de cette lettre un tirage à part curieux (Fonds Fournel [imprimés]).

de nous de faire connaître le plus promptement possible à ses confrères les découvertes qu'il peut faire.

« J'ai l'honneur d'être, Messieurs, votre très humble et très obéissant serviteur.

« Henry Saint-Simon. »

Voici le second prospectus [1] :

Opinion qui sera émise dans le troisième volume de l'Industrie

« L'entreprise philosophique dont Bayle a commencé l'exécution était, par sa nature, une entreprise double, c'est-à-dire elle se composait de deux parties, ou, si on veut, de deux tâches qui étaient l'une et l'autre également difficiles à remplir, qui exigeaient autant de temps l'une que l'autre, qui nécessitaient chacune les mêmes soins, le même genre d'efforts et qui ne pouvaient être accomplies que l'une après l'autre.

« L'examen de la manière dont la première de ces tâches a été remplie doit donc servir de guide à ceux qui désirent entreprendre la seconde.

---

1. Déjà publié dans les *Œuvres complètes*.

« La première entreprise consistait à renverser l'édifice que le clergé avait employé des siècles à construire.

« Le clergé avait forgé presque toutes les idées qui se trouvaient alors en circulation, et il les avait liées entre elles de manière à former un système théologique général, ou plutôt il avait réduit le système de nos idées à n'être qu'un système de théologie ; c'était une bien grande entreprise que celle de rompre un enchaînement qu'on avais mis tant de peine, de temps et de soin à former : cela exigeait la revision entière des idées, et par conséquent l'examen séparé de chacune d'elles.

« Un récit détaillé de la manière dont ce travail a été conduit serait certainement fort utile, et cela deviendra nécessairement le sujet d'un ouvrage intéressant ; mais, pour le moment, je dois me borner à l'indication des principales conditions qui ont été remplies :

« 1° Tous les genres de littérature ont concouru à ce but philosophique, de manière que la théologie s'est vue attaquée, à la fois, de tous côtés, à toutes les hauteurs, chez toutes les classes et dans tous les esprits. Qu'on parcoure les ouvrages qui ont été écrits dans le xviiiᵉ siècle, depuis les traités de Condillac jusqu'aux recueils de chansons, et on verra dominer partout l'esprit *antithéologique;*

« 2º Les écrivains philosophes n'ont point été abandonnés à leurs propres forces ; ils ont eu pour soutiens le roi de Prusse, l'impératrice de Russie, le roi de Pologne et (sous plusieurs rapports) Ganganelli lui-même, tout pape qu'il était. En un mot, on peut dire que, pendant le xviiiᵉ siècle, les hommes de tous les rangs qui se sont trouvés pourvus de quelque capacité et de quelque énergie ont concouru à *l'œuvre philosophique;*

« 3º Après avoir travaillé chacun de son côté, les écrivains du xviiiᵉ siècle se sont réunis en un seul atelier philosophique, et ils ont fait en commun un ouvrage général, une encyclopédie, à laquelle on aurait pu donner le nom d'*antithéologie* générale.

« Voilà, par aperçu, la manière dont la première tâche a été remplie, et cette tâche avait pour but la désorganisation du système théologique. Voyons maintenant comment on doit procéder à l'exécution de la seconde, qui aura pour objet l'organisation d'un système de morale terrestre [1]. Il est aisé de voir que cette seconde tâche exige absolument le même travail que la première; car, dans l'une comme dans l'autre, chaque idée doit être considérée et discutée séparément; dans la première, il s'agissait d'effacer l'impression théologique que chacune d'elles avait reçue; dans la seconde, il s'agira d'imprimer à chacune le cachet du sens commun.

« On peut donc, on doit donc regarder comme certain :

« 1° Que les écrivains de tous les genres, depuis les philosophes proprement dits jusqu'aux chansonniers, auront pour but commun dans le XIXe siècle de rendre toutes les idées positives;

---

[1]. Les philosophes du XVIIIe siècle sont parvenus à faire généralement admettre l'opinion que chacun devait être libre de professer et de faire enseigner à ses enfants la religion qu'il préférait. Les philosophes du XIXe siècle feront sentir la nécessité de soumettre tous les enfants à l'étude du même code de morale terrestre, puisque la similitude des idées morales positives est le seul lien qui puisse unir les hommes en société, et, qu'en définitive, le perfectionnement de l'état social n'est autre chose que le perfectionnement du système de morale positive. (Note de l'auteur.)

« 2° Que les personnes qui exerceront le plus d'influence sur l'opinion publique par la considération et par la fortune dont elles jouiront concourront à l'*œuvre philosophique du XIXe siècle* [1];

« 3° Qu'il arrivera une époque à laquelle les écrivains du xixe siècle réuniront leurs efforts pour travailler à un ouvrage général, qui sera l'*encyclopédie des idées positives.*

« Enfin, je pense que les travaux philosophiques nécessaires pour l'exécution de la seconde tâche emploieront la totalité du xixe siècle, et que ce ne sera pas avant la fin de ce siècle que l'établissement d'un régime vraiment positif, industriel et libéral, sera praticable ; mais plus ces travaux s'activeront et plus les ministères existants actuellement en Europe seront forcés de se conduire d'une manière conforme aux intérêts des peuples et des rois.

« Maintenant, si on me demande quand les travaux philosophiques du xixe siècle

---

1. Dans le xviiie siècle, les rois, les princes et les nobles étaient les personnes les plus considérables. Dans le xixe, ce seront les personnes qui obtiendront de grands succès dans les travaux industriels, qui exerceront la principale influence sur la masse du peuple. (Note de l'auteur.)

commenceront, je répondrai : ils commenceront dès que l'industrie en manifestera le désir et en donnera les moyens. Et, si on me demande ensuite quand l'industrie se prononcera à cet égard, je répondrai : ce sera peu après l'époque où quelques hommes énergiques, possédant de grandes fortunes ou de grands talents, emploieront leurs moyens à lui faire *vouloir* ce qu'elle a tant d'intérêt à désirer. »

Les journaux furent surpris de la nouvelle allure que prenait Saint-Simon. Le *Journal des Débats* publia dans son numéro du 7 juin un article assez mordant [1] : « M. Henry de Saint-Simon est un *publiciste* qui, nous faisant l'honneur de nous croire des publicistes de sa force, a l'honnêteté de nous appeler ses *confrères* et nous adresse la lettre suivante :

1. *Journal des Débats,* numéro du 7 juin 1817. L'article n'est pas signé. En feuilletant le livre du « Centenaire des Débats » à l'article « Les Saints-Simoniens au *Journal des Débats* », nous lûmes : « Quand, en 1817, avait paru la *Morale terrestre* que Saint-Simon soumit à la presse comme une bonne idée dédiée à ses confrères, *Hoffmann* se montrait extrêmement choqué de cet appel à la confraternité. » L'article est donc de Hoffmann.

« Je crois avoir *trouvé une bonne idée;* je m'empresse de vous la communiquer; c'est à mes yeux un devoir pour chacun de nous de faire connaître le plus promptement possible à ses confrères les *découvertes* qu'il peut faire.

« J'ai l'honneur d'être votre très humble et très obéissant serviteur.

« Henri (*sic*) DE SAINT-SIMON. »

« Cette bonne idée que M. Henry de Saint-Simon *a trouvée,* cette *découverte* qu'il a faite, c'est qu'heureusement il n'y a plus de religion dans ce monde et qu'il faut en faire une; mais surtout il faut la faire toute *terrestre,* rien que terrestre, *l'organisation d'une morale terrestre;* voilà la grande affaire que M. de Saint-Simon nous propose par *prospectus,* et il invite tous les écrivains à s'en occuper, depuis *les philosophes proprement dits jusqu'aux chansonniers;* mais chansonniers ou philosophes, qu'ils se gardent bien de mêler la divinité et le *ciel* dans leur religion et leur morale. M. de Saint-Simon ne veut rien que de *positif* et de *terrestre.* » Et plus loin : « Quoi qu'il en soit, ce ne sera qu'après l'organisation du système de morale terrestre, c'est-à-dire tout à fait à la fin du xixe siècle, que sera *praticable* l'établissement d'un régime positif. »

On aura reconnu l'importance de ces textes pour la question que nous nous proposons d'éclaircir. L'analogie avec la pensée de Comte est manifeste. Bientôt viendra le volume lui-même [1], annoncé par

1. Voici un passage topique du troisième volume de l'Industrie : « Enfin, il reste à faire en morale un travail encore plus considérable, plus important que les deux travaux dont nous venons de donner l'idée ; car il faut refondre tout le système des idées morales ; il faut l'asseoir sur des bases nouvelles ; en un mot, il faut passer de la morale céleste à la morale terrestre ; sans discuter ici les inconvénients qu'on trouve à fonder la morale sur la théologie, il suffit d'observer que de fait les idées surnaturelles sont détruites partout, qu'elles continueront à perdre chaque jour de leur empire et que l'espoir du paradis et la crainte de l'enfer ne peuvent plus servir de bases à la conduite des hommes. L'esprit humain a marché depuis l'établissement de la morale chrétienne, et, par l'esprit de ses progrès, il se trouve que le temps de la théologie est passé sans retour, et que ce serait folie de vouloir continuer à fonder la morale sur des préjugés dont le ridicule fait tous les jours justice. Les théologies ont eu leur part, et, désormais, elles ne peuvent plus servir à rien. Le christianisme a fait faire un grand pas à la morale ; il serait injuste et absurde de le nier ; mais on doit reconnaître avec la même bonne foi que son règne est fini et que le temps pendant lequel il a été

le second prospectus, et personne ne conteste qu'il ait été rédigé par Comte [1]. Pierre Laffitte sera le premier à y reconnaître « la griffe du lion ». Or, le prospectus et le volume sont tous deux datés de 1817. La date cherchée des premiers rapports de Saint-Simon et de Comte est donc établie, et c'est donc à tort que certains historiens ont fixé le début de ces relations à l'année 1818 [2].

utile est déjà loin de nous. L'ère des idées positives commence ; on ne peut plus donner à la morale d'autres motifs que des intérêts palpables, certains et présents. Tel est l'esprit du siècle et tel sera pour jamais de plus en plus l'esprit des générations futures ; voilà le grand pas que va faire la civilisation ; il consistera dans l'établissement de la morale terrestre et positive. »

1. Dans une note au crayon, de la main de M. G. d'Eichthal, insérée dans son exemplaire de la *Bibliographie Fournel*, les premier, deuxième et troisième cahiers du troisième volume de l'Industrie, in-4, sont indiqués comme étant d'Aug. Comte, le quatrième de Saint-Simon (1817). Fournel, au contraire, imprime : « Les cinq cahiers in-4 (de l'Industrie) ont été en totalité rédigés par Aug. Comte » (*Bibliographie*, p. 17).

2 Cette date est contestée par Littré et Robinet, par MM. Lévy-Bruhl, Ferraz, Alengry, Weill, qui donnent 1818. Cf. Bibliographie, *infra*. Il est à noter que ces maîtres, admettant pour la plupart la collaboration de Comte au troisième volume de l'Industrie (1817), donnent 1818 comme date initiale de leurs rapports. Il faut croire qu'ils ignoraient la date du troisième volume de l'Industrie.

D'autres arguments militent en faveur de la date de 1817 [1] :

1. 1817 est également la date fournie par MM. Faguet et Dumas. Le volume de M. Dumas avait été en partie publié dans la *Revue philosophique*. En effet, dans la deuxième réunion plénière de la Société positiviste d'enseignement populaire, tenue le mardi 12 avril 1904, le docteur Dubuisson, analysant les deux articles de M. Dumas parus dans la *Revue philosophique* de mars et février 1904 (n⁰ˢ 338-339) et réunis dans le volume dont nous avons déjà parlé, s'exprime de la sorte : « Dans le premier article, M. Dumas conte par le menu les relations de Comte avec Saint-Simon depuis *leur premier contact, en 1817*, jusqu'à leur rupture, en 1824. » Cf. *Revue occidentale*, t. XXIX, p. 294. — M. Booth avait donné 1816 (cf. Bibliographie, *infra*). Comte, en 1816, était loin de songer à Saint-Simon ; il projetait un départ pour l'Amérique. Le général Campredon, un de ses amis, lui avait fait faire la connaissance du général Bernard, lequel, ayant été nommé chef du génie américain et désirant créer une école analogue à l'École polytechnique, avait promis à Comte de le proposer pour le cours de géométrie descriptive pure. « Voilà, dit Comte, mes espérances. » — Seize jours après, Comte écrit à Valat : « Je ne vois personne, excepté quelques élèves qui viennent me visiter dans ma solitude et le bon M. Campredon....; aux sujets ordinaires de mes études, je viens depuis une quinzaine de jours d'en ajouter un nouveau, qui ne contribue pas médiocrement à me faire chérir mes travaux : je veux dire que j'étudie les États-Unis.... Adieu, mon cher ami ; espérons que, dans six ou sept mois, nous nous embrasserons auprès de la statue de Franklin. » — Durant les premiers mois de 1817, Comte ne paraît pas avoir fait la connaissance de Saint-Simon. Dans la lettre du 12 février on lit : « Je te dirai que je n'ai nullement abandonné mon projet d'expatriation et que j'y tiens plus que jamais. Je vois qu'il me serait impossible de

1° En effet, dans une lettre datée du 1er mai 1824, adressée par Comte à Gustave d'Eichthal [1], on peut lire : « J'avais été prévenu, il y a *sept ans*, quand je suis entré en rapports avec lui (Saint-Simon) [2]. » Le calcul est simple et probant.

2° Comte, en 1854, dans l'appendice de son traité de politique positive [3], publiant des opuscules prenant date à partir de 1822, dit : « ... En écartant les écrits prématurés que m'inspira la funeste liaison à travers laquelle s'accomplit mon début spontané. Dans ces productions artificielles, je ne recueille ici que deux indications décisives de ma tendance continue vers la religion positive. La première surgit en 1817 de cette sentence caractéristique, au milieu d'une vaine publication : tout est

---

prendre un autre parti et que je ne pourrai jamais me faire en France tant que.... Je continue toujours à travailler ici dans une solitude philosophique. »

1. Littré (1863), p. 25.
2. Lettre de M. Eugène d'Eichthal adressée à nous : « Ce n'est pas approximativement que Comte se sert de cette expression : « Il y a sept ans, » car il indique plusieurs autres périodes de quatre ou cinq ans correspondant à des phases diverses de ses relations avec son maître et collaborateur. »
3. *Politique positive*, Appendice, p. 11.

relatif; voilà le seul principe absolu [1]. »

Cette vaine publication est évidemment le tome troisième de l'Industrie paru, nous l'avons dit, en 1817. Cette fameuse phrase y figure [2].

Le second prospectus paru, Saint-Simon rédigeait et lançait à nouveau des séries de circulaires relatives à l'Industrie (juillet-août) [3]. En septembre, enfin, paraissaient les trois premiers cahiers du troisième volume de l'Industrie; en octobre, le quatrième et dernier [4]. Quoique signés Saint-Simon, ils étaient en totalité [5] rédigés par Auguste Comte. Si l'écrivain changeait, simple coïncidence si l'on veut, le format changeait; l'imprimeur et l'éditeur aussi. A l'*in-octavo* se substituait l'*in-quarto*; J. Smith, imprimeur, à Cellot, imprimeur. Tout changeait, comme dira Laffitte [6].

Tout changeait, en vérité. A l'accueil favorable des souscripteurs succédait un accueil défavorable.

---

1. *Revue occidentale*, VIII, 318.
2. Industrie (éd. originale), III, 2ᵉ cahier, p. 6, in-4.
3. *Œuvres complètes*, III, 5 et sqq.
4. *Œuvres complètes*, III, 8.
5. Cf. *infra*, p. 22.
6. *Revue occidentale*, XII, 123.

Émus des idées exprimées dans les quatre cahiers de ce troisième volume, du quatrième cahier surtout, les souscripteurs adressèrent à Son Excellence Monseigneur le ministre, secrétaire d'État, au département de la police générale [1], le 30 octobre, une lettre [2] à laquelle Laffitte et Ternaux refusèrent de s'associer, le premier « comprenant trop bien l'importance du travail

---

1. Le comte Decaze, ministre, secrétaire d'État (*Almanach royal* [1817], p. 168).

2. Voici la lettre :

« Monseigneur,

« Il a paru des distributions d'un ouvrage intitulé : *l'Industrie ou Discussions politiques, morales et philosophiques*, par M. H. Saint-Simon, dans lesquelles nous avons remarqué avec étonnement une liste de prétendus souscripteurs ; ce qui semblerait indiquer que ceux que l'on désigne ainsi partagent les opinions publiées par l'auteur et en ont encouragé la publication.

« Nous nous empressons de déclarer à Votre Excellence qu'aucun de nous n'a eu connaissance de ces écrits avant leur publication ; qu'il n'y a eu de notre part aucune souscription tendant à encourager des ouvrages dont nous sommes fort éloignés de partager les principes.

« M. de Saint-Simon s'est présenté chez chacun de nous il y a environ un an en nous annonçant qu'il avait l'intention de publier des *Observations* sur les *Progrès du commerce et de l'industrie* qu'il a fait paraître alors ; sa situation pécuniaire ne lui permettant pas d'en faire la dépense, nous avons cédé à ses instances réitérées en exerçant à son égard un acte de pure libéralité.

« Nous supplions Votre Excellence de bien vouloir oret de la production industrielle, bien qu'il n'entrât point tout à fait dans la voie que Saint-Simon lui traçait [1] »; le second « parce qu'il avait avec Saint-Simon des relations plus étroites [2] ».

Dix jours avant, La Rochefoucauld-Liancourt avait adressé à Saint-Simon une lettre dans des termes semblables [3].

---

donner que notre désaveu formel soit consigné dans les journaux.

« Nous sommes, avec respect, Monseigneur, vos très humbles et très obéissants serviteurs.

« *Signé* : Vital Roux, D.-André et François Cottier, Barillon, Vassal, Hentsch, Blanc et Cie, Hottinguer, Gros-Davilliers, Bartholdi, G. Delessert, Guérin de Foncin et Cie, Périer frères, etc..., etc.... »

1. G. Hubbard, *Saint-Simon, sa vie et ses travaux*. Paris, Guillaumin, 1857, in-12, p. 81.
2. *Ibid*.
3. Voici la lettre :

« Je m'étais expliqué avec vous sur certaines phrases qui, dans un des premiers volumes déjà paru, semblaient toucher des matières étrangères à votre plan et prêter à des interprétations dangereuses ; vous vous rappelez même que vous m'avez entièrement assuré sur ce point pour l'avenir et que j'ai fait de cette assurance la condition de mon abonnement. Quel est mon étonnement et ma peine lorsqu'aujourd'hui, ouvrant les cahiers in-quarto que vous venez de faire paraître et que je n'avais pas encore eu le temps de couper, j'y trouve des principes assurément étrangers au titre de l'ouvrage, des principes que je ne me permets pas de qualifier ici ; des principes, enfin, qui n'ont été, ne sont, ni ne seront jamais les miens.

Les quatre cahiers *in-quarto* formant le troisième volume de l'Industrie avaient été un insuccès. Saint-Simon voulut se relever aux yeux des souscripteurs offensés. Il rédigea donc lui-même, sous son nom, un autre volume. Cette publication forme le tome quatrième de l'Industrie. Il est annoncé, le 16 mai 1818, dans le *Journal de la librairie* [1], sous le n° 1906.

J'ai lieu d'être personnellement blessé de trouver de tels principes, de telles assertions dans cet ouvrage, dans lequel vous avez pris avec moi l'engagement de ne rien écrire qui ne pût être approuvé par les amis de l'ordre et du gouvernement sous lequel nous vivons. J'ai donc l'honneur de vous prier, Monsieur, de ne plus me considérer comme le souscripteur de votre ouvrage, titre que je désavouerai hautement, car il m'est profondément pénible de voir mon nom à la tête d'un ouvrage où sont énoncés des principes que je blâme de toute ma force comme désorganisateurs de tout ordre social, comme incompatibles avec la liberté telle que je la conçois et que je l'aime.

« J'ai l'honneur, Monsieur, de vous saluer sincèrement.

« *Signé* : Liancourt. »

(Cf. Ferdinand Dreyfus, *La Rochefoucauld-Liancourt*, p. 489.)

1. L'Industrie *ou Discussions morales et philosophiques dans l'intérêt de tous les hommes livrés à des travaux utiles et indépendants*. A Paris, chez Verdière, libraire, quai des Grands-Augustins, n° 27, de l'imprimerie Abel Lanoë, in-8 de 160 p. — Ce volume, réimprimé par O. Rodrigues, est maintenant plus généralement connu sous ce titre : *Vues sur la propriété et la législation* (éd. Rodrigues, 1832).

Dans cet ouvrage, Saint-Simon, pour s'excuser du précédent écrit (le troisième volume de l'Industrie) qu'il avait signé et qu'il n'avait pas rédigé, ayant laissé ce soin à Comte, s'exprime ainsi, dans une préface, manière d'avertissement : « On nous reproche d'avoir, dans notre troisième volume, perdu le fil de notre première direction ; cette direction était donc bonne, et nous trouvons jusque dans ce reproche une sorte d'éloge et d'encouragement qui nous console pour le passé en nous avertissant pour l'avenir. Nous aimons même à croire qu'après lecture de ce volume, le public reviendra à une opinion plus indulgente sur le volume précédent. »

Saint-Simon semble blâmer Auguste Comte et, se reprochant « d'avoir perdu le fil de sa première direction », adresse par là même, à Comte, ces reproches *ad hominem*. En effet, personne ne sut, à ma connaissance, avant 1881, sauf Fournel, détenteur des *deux lettres anonymes* que nous reproduisons ici, l'opinion que Comte avait conçue de ces reproches. Toutefois, en 1881, poursuivant pieusement la récolte de Matériaux devant servir a la biographie d'Auguste Comte, Pierre Laffitte, son disciple fervent, connaissant les vieilles relations que, dans sa jeunesse, Gustave d'Eichthal, ancien saint-simonien, avait entretenues avec le futur chef du positivisme, eut l'idée d'aller demander à d'Eichthal « s'il n'aurait pas des renseignements à lui fournir sur cette période de la vie du maître, qui va de 1816 à 1822 ». Gustave d'Eichthal l'accueillit avec une bienveillance pour laquelle Laffitte consigna, selon ses propres termes, l'expression de son remerciement bien sincère [1].

Gustave d'Eichthal lui donna communication d'une copie de « deux lettres inédites d'Auguste Comte à Saint-Simon ».

Laffitte le dit lui-même [2] : « La copie de ces deux lettres a été faite vers 1861, d'après un exemplaire existant dans les archives saint-simoniennes qui se trouvent chez M. Henri Fournel [3], et m'a été communiquée par M. Gustave d'Eichtal (*sic*) en

---

1. *Revue occidentale*, VIII, 328.
2. *Ibid.*
3. Nous possédons l'original et une copie. Fonds Fournel. Manuscrits.

octobre 1881. » Laffitte les publia dans la *Revue occidentale* du 1er mai 1882, et ce sont précisément les deux lettres dont nous parlions au début de cet ouvrage.

Or, ces deux lettres, qui, jusqu'à présent, n'étaient connues que par la publication de Laffitte, publication faite d'après une copie établie en 1861, le sont aujourd'hui d'après l'original en notre possession [1].

---

1. Il paraîtrait assez improbable que ces lettres nous fussent parvenues autrement que par transmissions successives; Saint-Simon ayant laissé tous ses papiers à notre grand-oncle, Olinde Rodrigues, ami intime et premier disciple du maître, ces papiers vinrent ensuite à Fournel et de Fournel à Isaac Pereire. Ces lettres se trouvent donc maintenant dans notre collection telles que, selon toute probabilité, elles furent entre les mains de Saint-Simon lui-même.

II.

Les deux lettres anonymes forment un manuscrit autographe de dix-sept pages grand format, sur papier vergé *à la forme,* mesurant trente-quatre centimètres et demi de haut sur vingt-deux centimètres et demi de large. La première lettre comprend neuf pages, dont deux feuilles doubles numérotées à gauche, 1, 2, et la troisième page unique étant écrite sur le recto uniquement, numérotée 3.

La seconde lettre comprend sept pages de même format en feuilles doubles numérotées 1, 2, le dernier verso de la huitième page demeurant vide; pour la seconde lettre, au-dessous du chiffre paginal, Comte ajouta de sa main : « Deuxième lettre. »

Le manuscrit porte de nombreuses ratures, inscriptions, surcharges. Les deux lettres ne sont ni signées ni datées. La première lettre cependant se termine par un signe ressemblant à un grand Y [1] d'écriture cursive; on trouve à la fin de la seconde lettre, en manière de paraphe, un enlacement graphique. En étudiant les feuillets, on découvre des plis; ces plis ne sont point faits en vue de la poste, mais afin de réserver des marges. Ces plis perpendiculaires sont coupés de plis horizontaux, ceux-ci paraissant avoir été faits pour la commodité du classement ou pour faciliter leur transport.

Certaines corrections ont dû être faites d'une autre encre noire que celle employée pour la rédaction des lettres, certains mots étant corrigés d'encre beaucoup plus grasse et plus foncée [2]. Aucun autre signe extérieur à signaler.

Ces deux lettres, pour qui veut les examiner, ressemblent à un brouillon de lettre plutôt qu'à des lettres envoyées et parvenues. Elles paraissent en réalité être un

---

1. Non par un « J », comme l'indique la *Revue occidentale*.
2. Nous possédons des lettres originales de Saint-Simon portant la même date et écrites d'une encre semblable. Nous ne voulons rien en inférer d'une ressemblance fortuite. Toute indication, pour mémoire seulement, peut être relevée.

projet d'article. L'original porte le titre suivant, écrit de la même main : « Lettre à M. H. Saint-Simon par une personne qui se nommera plus tard [1]. » Au commencement de chaque lettre, on lit : « Première lettre », « Seconde lettre ». Des lettres non destinées à l'impression ne porteraient ni ce titre ni ces mentions.

Furent-elles, en effet, livrées à l'impression ?

Nous ne le croyons pas. Nous n'avons jamais su qu'elles aient été, de quelque façon que ce soit, publiées avant 1882, et là encore elles le furent sur une copie [2],

---

1. Laffitte publia ces lettres sous le titre suivant : Lettres à M. H. Saint- (sic) Simon, par une personne qui se nommera plus tard, *au sujet de l'ouvrage intitulé* : [*Vues sur la propriété et la législation* (Paris, 1818]) *(sic)* (*Revue occidentale*, t. VIII, p. 344). Si Laffitte avait eu le manuscrit original entre les mains, il aurait remarqué que les phrases mises par moi en « italiques » ne s'y trouvaient point. Le titre, d'ailleurs : *Vues sur la propriété et la législation*, est le titre que Rodrigues donna à la réimpression de 1832 de l'ouvrage paru en 1818, lequel forme, en *original*, le tome IV de l'Industrie, in-octavo de l'imprimerie Abel Lanoé. On ne le trouve pas sur l'édition originale (bibl. Fonds Fournel).

2. Il existe en effet trois pièces, l'original dont nous avons fait aussi exactement que possible la description et deux copies : l'une que nous nommerons « copie Fournel », parce qu'elle se trouve dans les archives saint-simo-

M. d'Eichthal ayant prêté sa copie, la « copie d'Eichthal », à Laffitte. Mais cependant, ce qui est un fait, et le fac-similé que je donne ici en fait foi, c'est que les lettres anonymes, *en original*, sont de l'écriture de Comte.

Le manuscrit porte (et c'est justement le passage que nous donnons en *fac-similé*), de la main de Gustave d'Eichthal, la mention suivante : « Cette lettre est d'Auguste Comte, comme le montre suffisamment l'écriture. » Et il signe : « G. D'E. »

Une telle affirmation est une autorité. On sait les étroites relations qui unirent d'Eichthal et Comte. La nombreuse correspondance échangée entre les deux amis en est un témoignage. Toutefois, ceux auxquels ne suffirait point cet argument d'autorité trouveront, dans la comparaison avec d'autres lettres de Comte, des éléments suffisants pour déterminer leur conviction [1].

---

niennes (Fonds Fournel), dont nous avons parlé ; l'autre que nous pourrons appeler « copie d'Eichthal », parce qu'elle se trouve dans les papiers de Gustave d'Eichthal, que son fils, M. Eugène d'Eichthal, de l'Institut, a bien voulu mettre libéralement à notre disposition. Qu'il reçoive ici en hommage nos remerciements bien sincères.

1. Nous avons pris comme témoin la fameuse lettre

Après cette description, aussi minutieuse que possible, du manuscrit original, il importe de chercher le véritable dessein de ces lettres [1].

La date initiale des rapports de Comte et de Saint-Simon étant établie, il ne sera donc pas utile de réfuter les opinions des positivistes qui croient ces lettres écrites pour leur entrée en relations [2] (1818). Depuis plusieurs mois déjà Saint-Simon pratiquait Comte et son écriture.

---

adressée par Comte à Michel Chevalier, directeur du *Globe* en 1832, dont nous possédons l'original (Fonds Fournel). L'écriture est identique.

1. Cf. texte intégral des lettres et fac-similé. (Documents annexes, n° 1, *supra*.)

2. Voici le passage où M. Alengry cite cette hypothèse (p. 4, 5 et 6) : « En 1818, Comte, âgé de vingt ans, était dans une situation assez précaire.... S'étant intéressé tout enfant aux questions morales et politiques, ayant fait sur ces matières nombreuses lectures, il lui écrit une lettre non signée, curieuse et instructive ; on y voit le jeune polytechnicien adopter les idées mères de Saint-Simon, s'engager dans la même voie, arriver à la sociologie par l'économie politique, mais formuler déjà des réserves, des restrictions, symptômes d'une originalité naissante.... Après cette lettre, Comte entre en rapports avec Saint-Simon et devient son « secrétaire », son ami, son collaborateur, son « élève ». — Robinet (p. 369) : « Nous joignons des extraits d'une lettre.... décisive qui fut écrite à Saint-Simon par Auguste Comte en 1818 pour leur entrée en relations ».

Nous réfuterons d'autre part les opinions des positivistes qui prennent ces deux lettres comme une sérieuse critique dirigée contre Saint-Simon. Les positivistes, et parmi eux surtout Robinet, tiraient argument de ces deux lettres pour présenter Comte en complet désaccord avec Saint-Simon, et même aller jusqu'à le poser en supérieur, en maître vis-à-vis de Saint-Simon [1].

M. Dumas, plus exact, puisque déjà il avait donné 1817 comme date initiale de leurs rapports, semble pourtant aussi considérer les deux lettres anonymes comme de véritables lettres, manifestant cependant une divergence d'opinion, origine de futurs dissentiments.

Personne, en effet, avant nous (sauf certains saint-simoniens) [2], n'avait eu les originaux entre les mains. C'est ainsi que des opinions diverses avaient pu être émises

---

1. Dans cette étude purement documentaire, nous ne parlons point des influences exercées l'un sur l'autre par les deux philosophes. Le passage auquel nous faisons allusion est extrait de l'ouvrage de Robinet (p. 369). Nous nous proposons de revenir plus tard sur la question, pourtant déjà si bien traitée par M. Dumas (cf. *supra*).

2. Fournel et d'Eichthal.

sur leur objet. Nous comprenons aisément que la forme de ces lettres ait été susceptible d'étonner [1], qu'elle ait même pu tromper la critique de certains historiens [2].

Pour exposer notre thèse sur la véritable

1. La fin de la seconde lettre : « Je me ferai connaître en adressant cet article ».

2. Parlant de ces deux lettres dans la *Revue occidentale* du 1er janvier 1884 (p. 131), Laffitte s'exprime ainsi : « Comte y blâme la direction purement pratique prise par Saint-Simon, lui annonce l'avortement nécessaire et proclame de nouveau la nécessité de faire prévaloir une lente évolution philosophique comme base de toute réorganisation pratique. » — Laffitte ajoute : « La question de ses relations avec Saint-Simon, si bien traitée déjà par M. Robinet, recevra une nouvelle lumière de ces documents, les uns manuscrits..., etc.... » — Or, voici les conclusions de Robinet : « Personne ne pourra hésiter à admettre, après un texte aussi précis : 1º qu'Auguste Comte, dès 1818, avant d'avoir subi l'influence de Saint-Simon et du docteur Burdin, par conséquent, ne fut pas absolument dans le courant d'idées qu'il suivit, pendant tout le cours de son existence, dans la direction positive et qu'il ne voulut déjà dans cet objet de recherches que la théorie précédât la pratique. Il reprochait même, et justement, la marche inverse de son futur maître ; 2º que Comte se posait à ce moment, vis-à-vis de Saint-Simon, en critique, c'est-à-dire en juge (fort compétent du reste), par conséquent en supérieur quant à la chose jugée ; il ne s'agissait guère alors d'être son élève ; 3º enfin qu'Auguste Comte avait déjà bien en propre à ce moment de par lui-même et *sua sponte* la vocation sociale et la tendance scientifique ou positive, qu'il ne reçut par conséquent aucunement et jamais de Saint-Simon ni d'aucun autre ».

fin de ces lettres, la date de la rencontre étant un point acquis, et par là même l'hypothèse de « lettres écrites pour entrer en relations » étant annulée, il importerait de se transporter par la pensée en octobre 1817 et d'y retracer l'histoire hypothétique, il est vrai, de la mentalité des deux grands philosophes après l'échec du troisième volume de l'Industrie, qu'avait rédigé Comte, mais que Saint-Simon avait signé. Il n'est contesté par personne que c'est à cause de cet échec lui-même et en prévision d'un autre échec possible, Saint-Simon venant de publier un quatrième volume, que Comte avait rédigé ces deux fameuses lettres.

Avant de connaître Comte, Henry Saint-Simon avait depuis longtemps « fait le publiciste [1] ». Ses ouvrages précédents avaient obtenu un succès tantôt grand, tantôt moindre; jamais, cependant, il n'avait connu de désaveu public. Il fallait que ce fût aux dépens de sa collaboration avec Comte qu'il en fît la pénible expérience. Saint-Simon, cependant, sut se ressaisir.

1. Expression de Comte (Valat, 38).

Sa faculté de renouvellement était grande. Mais Comte dut souffrir. Son amour-propre se trouvait blessé. Saint-Simon avait engagé son nom, mais Comte sa pensée. Il importait donc à Comte de conquérir à nouveau la confiance ébranlée du public. Saint-Simon avait reculé. Les idées émises dans le quatrième volume étaient plus libérales [1]. Saint-Simon pouvait blâmer d'autant plus facilement les idées émises dans le volume précédent, qu'il n'en était pas l'auteur. Se blâmant, il blâmait donc Comte. Toutefois, l'impétuosité de Comte devait l'inciter à poursuivre le développement de sa pensée. Il fallait engager Saint-Simon à le suivre, ressaisir les esprits des souscripteurs, momentanément égarés, démontrer que les idées émises sous la signature Saint-Simon n'étaient point si subversives. Il fallait comprendre ces idées et, les ayant

---

1. Se rappeler la phrase de Comte dans le troisième volume de l'Industrie : « ....l'établissement d'une morale terrestre et positive », et la préface de Saint-Simon au quatrième volume de l'Industrie : « On nous reproche d'avoir, dans notre *troisième volume*, perdu le fil de notre première direction ; cette direction était donc bonne, et nous trouvons, jusques (*sic*) dans le reproche, une sorte d'éloge et d'encouragement qui nous console *pour le passé*, en nous avertissant pour l'avenir ».

comprises, se rallier. Comte voulait enfin et surtout reprendre la publication annoncée à la fin de la seconde lettre : *l'envoi prochain d'un article sur l'économie politique*. Un peu de réclame autour de ces publications qu'un désaveu public avait dépréciées était indispensable et, à cet effet, rassurer les souscripteurs était le moyen sûr [1].

Aussi est-il à supposer que Comte et Saint-Simon, dans leurs fréquents entretiens, eurent l'idée d'écrire deux lettres non signées qui paraîtraient émaner d'un inconnu. Ces lettres seraient publiées dans

---

1. Il faut rappeler qu'à la fin du quatrième volume, premier cahier (il n'y en a pas eu d'autres), de l'Industrie, Saint-Simon a imprimé deux nota. Dans le premier, il écrit : « Nous devons nous attendre à n'être pas suffisamment entendus de tous les esprits....; notre dessein est de les *satisfaire dans les cahiers suivants*, où nous envisagerons la même question sous plusieurs points de vue nouveaux.... » — Dans le deuxième : « Nous invitons les personnes... à vouloir bien nous communiquer toutes les observations qu'elles auront pu faire sur nos travaux. Nous les publierons avec empressement et nous y répondrons.... » — M. Eugène d'Eichthal, de l'Institut, nous communique à ce sujet cette appréciation, qui d'ailleurs est la nôtre. Elle confirme l'opinion que nous avons émise touchant la fin réelle des deux lettres anonymes : « Il est permis de penser que les lettres anonymes étaient destinées à *amorcer* cette correspondance. »

un journal quotidien. L'auteur anonyme, dans ces lettres, se poserait en lecteur assidu, en disciple même de Saint-Simon. Il se permettrait de le discuter, commencerait d'abord par blâmer Saint-Simon, l'approuvant ensuite. Il lui expliquerait les raisons de l'échec subi, lui indiquerait une autre voie à suivre. Les souscripteurs le liraient. L'intérêt des lecteurs serait ravivé. Cette polémique imaginaire constituerait la réclame la meilleure. Et c'est ainsi que, selon toute probabilité, furent rédigées ces deux lettres.

Elles furent raturées, étudiées, fouillées. Des additions, des surcharges viennent en témoigner. Et cependant, malgré tout, ce projet de réclame paraît avoir été abandonné, les lettres étant demeurées inutilisées dans les archives saint-simoniennes (carton « Saint-Simon »), et nos efforts à découvrir leur publication dans un journal de l'époque étant demeurés vains jusqu'à ce jour.

Les hypothèses que je viens de soumettre ici paraissent d'ailleurs avoir été celles de Gustave d'Eichthal. Gustave d'Eichthal avait entrepris un travail sur le saint-simonisme que malheureusement il n'acheva point. Il laissa cependant beaucoup de notes. La première, que voici [1], est écrite de la main du secrétaire de Gustave d'Eichthal, M. Larocque :

« Tout démontre que ces deux lettres ont été écrites en vue de la publicité, de concert avec Saint-Simon : c'est à la fois une sorte de réclame faite après coup pour exciter l'attention, la justification d'un changement ultérieur de direction, l'annonce de nouveaux ouvrages et l'introduction anticipée du collaborateur qui ne peut pas dire à Saint-Simon, mais fort bien au public : je me démasquerai. Il ne pourrait dire à Saint-Simon : je me ferai connaître, que s'il agissait par supercherie, s'il ne s'était pas déjà fait connaître par ses idées et son style; et, dès lors, comment pourrait-il prêcher à Saint-Simon les idées de Saint-Simon, dans les

---

[1]. Nous devons ces renseignements sur M. Gustave d'Eichthal à l'obligeance de son fils, M. Eugène d'Eichthal. Le savant économiste nous a confié ces précieux documents autant par souci de la vérité historique et intérêt pour la question en litige que par souvenir des longues relations d'amitié qui existèrent entre son père et les frères Pereire.

formules de Saint-Simon ? Comment aurait-il de plus l'audace de l'autoriser à publier de telles lettres, si cela lui est utile ? Cette outrecuidance, ces détours joints à l'impudence de lui dicter une nouvelle direction feraient remonter à 1818 la rupture qui ne s'est produite que quatre à six années plus tard, après quatre années de communauté d'intérêt, raison pécuniaire, Comte ayant été rétribué de sa collaboration au *Politique* comme il le fut au *Censeur* et au *Producteur* (où il n'écrivit que pour cette raison).

« Le plan des deux lettres n'a rien de spontané. La première est ironique d'un bout à l'autre. C'est un pamphlet à la manière de Courier. La seconde déguise l'éloge excessif sous le blâme apparent, tout en constatant un échec dont il faut se tirer d'une manière ou d'une autre.

« Enfin, si on prend les lettres à ce qu'elles disent, il en résulterait que Comte n'est pour rien dans la rédaction du troisième, non plus que du quatrième volume de l'Industrie, ou du moins qu'il répudierait les idées contenues dans la troisième partie, pour laquelle il n'a qu'un blâme formel.

« L'hypothèse de la réalité de ces lettres est insoutenable ; tout deviendrait incompréhensible ; au contraire, les difficultés s'évanouiraient si on admet le concert, un jeu de publicistes. Depuis, Comte a répudié tous les écrits de cette époque. Il aurait eu beau jeu à rappeler ses lettres si elles avaient été réelles. Il aime mieux dire que tout ne fut que du fatras. »

La seconde note, en manière d'addition, est de la main même de Gustave d'Eichthal. Voici comment il s'exprime : « Dans la première lettre, il lui démontre l'inutilité de son entreprise ; mais n'est-ce pas ironie ? A ne lire que la première lettre, on le croirait ; ce serait même de l'excellente ironie ; mais la seconde lettre ne permet pas cette interprétation ; il oppose principe à principe (juillet 1881). »

Ces lettres ne sont pas écrites « par ironie », mais bien pour attirer l'attention du public sur les idées émises par Saint-Simon et Comte et provoquer la continuation de la publication.

Quoique le manuscrit ne porte pas mention d'un millésime quelconque, il est de toute probabilité que ces lettres furent écrites après la publication du quatrième volume de l'Industrie, c'est-à-dire en avril ou mai 1818. Ce volume est annoncé le 16 mai 1818 dans le n° 1906 du *Journal de la librairie,* ce qui mettrait au commencement du mois d'avril la date de son apparition. Or, Comte, dans la première de ces deux lettres anonymes, s'exprime ainsi : « Je viens de lire l'écrit que vous avez publié ces jours derniers. » Et dans la seconde, de la façon suivante : « Mais je n'en persiste pas moins à soutenir que l'écrit considéré dans son ensemble ne devait point être publié, et je fonde cette manière de voir sur le terrible sort que sa publication *prépare* à votre entreprise. »

D'après ces phrases, il faudrait fixer à avril ou commencement de mai la date où ces deux lettres furent écrites. M. Dumas donne la date de juin 1818 et M. Weill dit que c'est vers la fin de 1818 que ces lettres durent être écrites. Nous ne le croyons pas. Comte écrit : « Le revers que votre entreprise (le troisième volume) a essuyé il y a six mois » (octobre 1817) ; puis il parle du « récent écrit » (quatrième volume, mai

1818). Cela coïncide bien pour la date d'avril ou mai 1818 pour les lettres.

A ces trois moments (mai-avril, juin ou fin 1818, octobre, novembre, décembre), Saint-Simon et Comte étaient en excellents termes.

Le volume est annoncé le 16 mai et, le 15, Comte écrivait à Valat : « Nous venons de lancer un premier cahier d'un ouvrage bien important et qui, je crois, fera sensation dans le monde politique. »

Voici comment, le *15 mai 1818*, Comte s'exprime à l'endroit de Saint-Simon dans une lettre adressée à Valat : « Tu désires que je te fasse connaître M. de Saint-Simon ; c'est le plus excellent homme que je connaisse, celui de tous dont les écrits et les sentiments sont les plus d'accord et les plus inébranlables. »

Comte, comme on le sait, avait été, pendant les premiers temps de sa collaboration avec Saint-Simon, c'est-à-dire en 1817, rétribué par lui ; il recevait 250 à 300 fr. par mois. Le 15 juin 1818, Comte écrit à Valat : « Tu me crois encore dans l'heureuse et courte passe où j'étais chez M. de Saint-Simon. » A ce moment-là, il ne reniait pas cette « heureuse et courte passe, qui d'ailleurs lui fut fort utile sous plus d'un rapport » : « En premier lieu j'ai appris, dit Comte, par cette liaison de travail et d'amitié avec un des hommes qui voient le plus loin en politique philosophique, j'ai appris une foule de choses que j'aurais en vain cherchées dans les livres, et mon esprit a fait plus de chemin depuis six mois que dura notre liaison qu'il n'en aurait fait en trois ans si j'avais été seul. » Le 17 novembre encore, Comte écrit à Valat [1] : « Connaissant d'ailleurs pour les avoir vues plusieurs fois toutes les bonnes comédies et sachant par cœur les acteurs et les actrices, je préfère rester philosophiquement chez moi ou aller philosophiquement causer avec le digne philosophe Saint-Simon. » Comme on le voit par cette lettre du 17 novembre, Saint-Simon et Comte nourrissaient l'un pour l'autre les sentiments les meilleurs.

Leurs divergences ne consistaient qu'en ceci : Comte trouva Saint-Simon trop pressé de réaliser, comme dit M. Dumas,

1. Cf. Valat, *op. cit.*

ses conceptions dans l'ordre pratique. Toutefois, l'idée fondamentale de Saint-Simon enthousiasmait Comte : « L'idée fondamentale, dit Comte dans les lettres anonymes, me paraît être une belle et utile conception, et je suis persuadé que tôt ou tard on finira par l'adopter. » Les deux collaborateurs mêlaient leurs idées, l'un trouvait l'idée fondamentale, « l'idée mère », comme dira Comte en 1824 ; l'autre cherchait d'autres moyens pour la mise en œuvre des idées elles-mêmes.

La question morale et religieuse les séparait : « Il est même possible, dit Comte, que je vous présente plus tard quelques considérations de morale, car je pense que la morale est une science à faire, tout comme la politique, et, en effet, sans avoir nullement l'intention de combattre les principes de morale très respectables et très utiles que je trouve en circulation, il m'est permis d'observer que ces principes sont insuffisants [1]. » Puis, entrant plus avant dans son sujet favori, cet élargissement positif de la morale future : « Il me semble

---

1. Lettres anonymes. Cf. Doc. ann., n° I, *supra*.

donc, sans mériter d'être accusé du désir de bouleverser l'ordre social, qu'on peut très bien dire de ces principes de morale qui sont en circulation, qu'ils sont tout à fait insuffisants parce qu'ils ne sont tous que des sentiments, et, par suite, en admettant même que tous ces principes sans distinction soient conformes en tous points aux vrais intérêts de la société, on peut désirer la formation d'une science morale positive. Cette science, de même que la politique, me paraît devoir être entée sur l'économie politique, car je pense que les règles de morale, comme les institutions politiques, doivent être jugées d'après l'influence qu'elles exercent ou peuvent exercer sur la production; quel examen intéressant que celui de toutes les coutumes et dispositions morales, comme par exemple la charité, considérées de ce point de vue et par conséquent jugées pour la première fois sans déclamation et d'une manière tout à fait positive [1]. »

Auguste Comte désirait l'établissement d'une morale terrestre et positive, et Henry

---

[1]. Lettres anonymes. Cf. Doc. ann., n° I, *supra*.

Saint-Simon voulait l'élargissement du principe philosophique contenu dans la parole du Christ et de ses disciples, de Paul surtout. Les deux philosophes avaient un même but : réorganiser. Ils se préoccupaient des mêmes problèmes, mais y apportaient des méthodes différentes. C'est dans la forme que résideront ce que M. Dumas appelle « leurs premiers dissentiments ».

Quoi qu'il en soit, ces deux lettres anonymes, écrites dans les conditions déjà énoncées, sont capitales au point de vue de l'histoire du saint-simonisme et du positivisme.

A première vue, ces procédés mystérieux étonnent. Comte en était cependant assez coutumier. Il aimait qu'on ne sût pas ce qu'il faisait, ou qu'on supposât autre chose que ce qu'il faisait réellement.

En effet, lorsque Comte collaborait avec Saint-Simon, il ne signait pas ses travaux « relativement à ses parents », dit-il, et « de peur de figurer le soir à la police correctionnelle [1] ».

1. Valat, 50.

Il faisait, à ce sujet, ses confidences à son ami Valat : « Je te prie, dit Comte à Valat, de tenir cet article-ci fort secret, car papa croit que j'ai rompu toute liaison avec M. de Saint-Simon; tu sais bien que ma famille me croirait dévolu au terrible tribunal de la police correctionnelle si elle savait que je continue à travailler avec un homme dont le libéralisme est si connu [1]. » Comte, il est vrai, va même se contredire, et cela volontairement. En effet, parlant de ce quatrième volume de l'Industrie pour lequel, dans la première des lettres anonymes, il prévoit « une catastrophe » analogue à celle essuyée pour le volume précédent (3ᵉ volume, Industrie), il écrit à Valat, le 15 mai 1818, c'est-à-dire la veille du jour où le volume est annoncé dans le *Journal de la librairie*, ces lignes significatives : « Je crois notre ouvrage trop grave et trop scientifique pour que le ministère lâche à nos trousses le déclamateur ordinaire, M. de Marchangy. Quand une fois l'entreprise aura plus d'aplomb et qu'elle sera décidément ancrée, je me nom-

---

1. Valat, 36.

merai [1]. » D'ailleurs, à faire le métier de publiciste, on gagne de l'argent. « Songe, mon ami, dit Comte à Valat, que le *Censeur*, dans les trois premières années, a rapporté 200,000 fr. net à ses auteurs, et, actuellement, quoique l'ouvrage ait beaucoup perdu de son ancien éclat, ils ont encore 10 à 15,000 livres de rente chacun. Oh! il y a des ressources dont tu ne te fais pas idée dans la carrière politique. Juge si je puis parvenir à chanter sur cette note-là! Mes parents me pardonneront alors, j'espère, de m'être fait publiciste [2]. » En outre, il aime tant Saint-Simon : « Son caractère, dit-il à Valat, est généralement estimé par les hommes de toutes les opinions. Si plusieurs personnes ne rendent pas la même justice à ses idées, c'est que sa manière de voir s'élève trop au-dessus des idées ordinaires pour qu'elles puissent encore être appréciées ; mais cela viendra tôt ou tard, et voilà l'avantage des gens qui sont plutôt au-dessus qu'au-dessous de leur siècle ; c'est que, comme le siècle

---

1. Valat, 50.
2. Valat, 51.

avance et qu'il ne recule jamais, ils finissent toujours par être estimés ce qu'ils valent, tandis que les gens au-dessous de leur siècle sont de plus en plus méprisés [1]. » Et plus loin : « C'est l'homme le plus estimable et le plus aimable que j'aie connu de ma vie, celui de tous avec lequel je trouve qu'il est le plus agréable d'avoir des relations. Aussi je lui ai voué une amitié éternelle [2].... » Et lorsque plus tard il collabora de nouveau avec Saint-Simon pour l'élaboration du troisième cahier du *Catéchisme des industriels,* alors que vraiment, à ce moment-là, il avait à se plaindre de Saint-Simon, il écrivait : « Afin de caractériser avec toute la précision convenable l'esprit de cet ouvrage, quoique étant, j'aime à le déclarer, *l'élève* de M. de Saint-Simon [3].... » Et plus loin : « Ayant médité depuis longtemps les *idées mères* de M. de Saint-Simon, je me suis exclusivement attaché à systématiser, à dévelop-

---

1. Valat, 52.
2. Valat, 53.
3. *Catéchisme des industriels* (édition originale), 3ᵉ cahier. Paris, de l'imprimerie de Sétier. avril 1824, in-8 (coll. personnelle), p. 6.

per et à perfectionner la partie des aperçus de ce philosophe qui se rapporte à la direction scientifique.... J'ai cru devoir rendre publique la déclaration précédente afin que, si mes travaux paraissent mériter quelque approbation, elle remonte au *fondateur* de l'école philosophique dont je m'*honore* de faire partie [1]. »

D'autre part, faisant à Valat l'envoi du livre qui contenait ces lignes, il dit : « L'ouvrage que je t'envoie contient encore quelques traces de ma liaison avec Saint-Simon, parce que la rupture a suivi le commencement de l'impression. Elle consiste en le mot *élève* et dans le développement de ce mot qui se trouve au préambule. Ces traces disparaîtront dans la prochaine édition, car elles n'étaient que de complaisance [2]. » Et, dans une autre de ses nombreuses lettres à Valat: « Grâce à la précaution que j'ai prise de ne jamais signer mes articles, la responsabilité ne porte pas sur moi ; c'est une chose convenue avec M. de Saint-Simon, auquel,

---

1. *Catéchisme des industriels*, p. 8.
2. Valat, *passim*.

comme tu le penses bien, cette convention ne fait aucun tort, puisqu'il est évident qu'être pendu avec lui ne le soulagerait guère [1]. »

La mentalité de Comte, écrivant les lettres à Valat et rédigeant les deux lettres anonymes, est la même. Les lettres à Valat expliquent les deux lettres anonymes.

1. Valat, 107.

III.

L'Industrie avait cessé de paraître en 1818; en janvier 1819 était apparue une nouvelle publication : le *Politique* [1]. M. Dumas [2] dit que le *Politique* fut rédigé par une Société de gens de lettres et dirigé par l'infatigable M. de Saint-Simon. Auguste Comte, continue M. Dumas, toujours docile, donne au *Politique* deux beaux articles où il développe les idées économiques et politiques de son maître.

Comte, naturellement, n'avait pas signé ces articles, toujours par simple mesure de prudence. Comte ne fit-il que collaborer au *Politique* sous la direction de l'infatigable Saint-Simon ? Non pas. Nous avons trouvé dans les archives saint-simoniennes, *Fonds Fournel*, dans le carton *Saint-Simon*, non loin de la minute originale des deux lettres anonymes, la minute de

1. *Le Politique*, par une Société de gens de lettres, in-8 (édition originale, p. 163), Fonds Fournel.
2. Dumas, p. 263.

l'accord fondant le *Politique*. L'accord est dûment signé et paraphé, et fait en quadruple, sous signature privée, le 22 février 1819, approuvé par les contractants et signé autographe :

Saint-Simon.   Comte.

Voici le texte de l'accord :

Entre les soussignés, il a été convenu ce qui suit :

Article premier

La propriété de l'ouvrage ayant pour titre le *Politique*, et qui se publie par livraisons, est divisée en vingt-quatre actions. Douze de ces actions appartiennent, savoir : à M. Henry de Saint-Simon dix, et deux à M. Comte, ancien élève de l'École polytechnique. Des douze autres actions, deux sont acquises par M. Coutte, propriétaire, et par M. La Chevardière, aussi propriétaire, qui s'engagent à en verser le montant dans la caisse de la Société, à raison de 1,000 fr. par action, de manière à ce que M. Coutte ne verse les seconds 1,000 fr. qu'après l'emploi des 2,000 fr. à fournir par lui et M. La Chevardière.

Art. 2

Les deux actions de M. Comte et sept de celles de M. Saint-Simon ne pourront être vendues, cédées ni transportées, leur produit seul pourra l'être. M. Saint-Simon pourra disposer à son gré de ses trois autres actions.

Art. 3

Au moyen des articles précédents, M. Saint-Simon renonce à pouvoir rien réclamer des autres actionnaires pour raison des frais généralement quelconques relatifs aux quatre premières livraisons du *Politique* faites pour son compte personnel, et il remet à la Société tous les exemplaires restant de ces quatre livraisons pour en disposer par elle comme bon lui semblera. Les parties se tiennent réciproquement quittes et déchargées de toutes choses à ce sujet.

Art. 4

Les abonnements faits pendant la gestion de M. Saint-Simon, et dont l'état est ci-joint, ne pourront être réclamés par la

Société, qui s'engage au contraire à les fournir à ses frais à partir du cinquième cahier ou livraison inclusivement.

Art. 5

Les bénéfices, déduction faite de tous frais généralement quelconques relatifs à la présente Société, seront répartis en deux parts égales, dont une, formant la moitié, sera partagée entre les douze actions appartenant à M. Saint-Simon et à M. Comte, en raison du nombre qui leur en appartient par l'article premier, ou aux concessionnaires de M. Saint-Simon pour ses trois actions disponibles, l'autre part ou moitié de ces bénéfices sera répartie entre ceux qui auront acquis tout ou partie des douze autres actions, et ceux-ci la répartiront entre eux au prorata des actions à eux appartenant.

Art. 6

Les acquéreurs d'actions ne pourront être, sans leur consentement, engagés pour plus de 1,000 fr. par chaque action. Tout nouvel actionnaire souscrira le présent acte, dont copie sera délivrée certifiée par le directeur.

Art. 7

Il y a un directeur nommé par la Société. Ses fonctions s'étendent à faire les recettes et dépenses, ainsi qu'à tout ce qui concerne l'administration et la publication du *Politique*, sauf la rédaction.

Art. 8

La durée des fonctions du directeur est d'une année. Il sera rééligible. Il rendra compte tous les trois mois, en assemblée générale, de la gestion et des recettes et dépenses qui seront par elle arrêtées. Il donnera connaissance à tout actionnaire qui se présentera de tous les détails que celui-ci pourra désirer. Le directeur convoque les assemblées générales quand il le croit nécessaire.

Art. 9

La Société nomme et choisit pour directeur M. La Chevardière, qui l'accepte sans émoluments.

Art. 10

Si le directeur pense que la publication

d'un article destiné à être inséré au *Politique* ait des inconvénients, il en prévient le rédacteur. Si celui-ci persiste, le directeur réunit les rédacteurs, et la majorité décide après avoir entendu le directeur et le rédacteur. Celui-ci ne peut voter à ce sujet.

Art. 11

Les frais de rédaction sont fixés à 100 fr. par feuille d'impression ou au prorata. Mais, jusqu'à ce que les abonnements au *Politique* soient au nombre de trois cents, ces frais ne seront payés que pour la moitié; l'autre moitié ne sera remboursée aux rédacteurs que lorsque les abonnements excéderont le nombre de trois cents. Dans le cas où ils n'y parviendraient pas, les rédacteurs n'auront aucune répétition à exercer à cet égard contre la Société.

Art. 12

Le manuscrit de tout article inséré ou à insérer au *Politique* doit être signé d'un des rédacteurs. L'imprimé pourra n'indiquer que des lettres initiales ou tout autre signe. La responsabilité de chaque article appartient au signataire.

Art. 13

Les rédacteurs actuels sont : MM. Saint-Simon, Comte, La Chevardière. Ils pourront s'en adjoindre d'autres.

Art. 14

Dans le cas où le succès du *Politique* pourrait exiger d'augmenter les honoraires des rédacteurs, la chose sera décidée par les actionnaires.

Art. 15

S'il survient des difficultés sur des cas non prévus par le présent, elles seront décidées par les actionnaires convoqués à ce sujet et à la majorité. Les actionnaires pourront être représentés par d'autres actionnaires pour les objets d'administration.

Art. 16

Les voix seront comptées par actionnaire et non par action.

Fait quadruple et arrêté entre nous sous signatures privées, à Paris, ce 22 février 1819.

En 1819, comme on le voit, Comte n'était pas brouillé avec Saint-Simon. Leurs idées n'étaient pas plus en accord à ce moment-là qu'en 1818. Les deux philosophes se préoccupaient des mêmes problèmes, mais les comprenaient différemment [1].

[1]. Voici deux lettres curieuses, encore que la seconde lettre soit de 1824. Rédacteur au *Politique*, Comte s'adressait des lettres à lui-même. On sait qu'il signait M. B***, B étant l'initiale du nom de sa mère. — Voici la lettre (p. 163) :

« *Les rédacteurs du* Politique *à M. B***.*

« Monsieur,

« Nous vous prions d'agréer tous nos remerciements pour l'excellent travail que vous avez eu la bonté de nous adresser. Nous vous dirons en toute franchise et en détail ce que nous pensons de vos idées dans des lettres sur vos travaux que nous publierons incessamment.

« Nous avons l'honneur d'être vos très humbles serviteurs

« Les rédacteurs du *Politique*. »

Le 11 mars 1826 (?), Comte écrivait à M. de Blainville la lettre suivante :

« Je me suis présenté chez M. de Blainville pour le prier de vouloir bien passer après son dîner chez M. de Saint-Simon, qui est très malade et qui désire vivement le voir. Pour ne rien céler, notre malheureux ami a tenté de se détruire, mais heureusement il n'y est point parvenu, et il y a tout espoir que nous le conserverons. La présence de M. de Blainville lui sera un grand sujet de soulagement. COMTE.

« Mardi soir (11) »

Cette lettre est extraite de la correspondance inédite de

IV.

Nous avons établi que Saint-Simon avait fait la connaissance de Comte en 1817, et, selon toute probabilité, au mois de mai ; que la date où les « deux lettres anonymes » paraissent avoir été écrites est 1818 et probablement au mois d'avril ; que, loin d'avoir été rédigées, comme le prétendent et M. Robinet et M. Alengry, pour « leur entrée en relations », et, par là même, être une critique acerbe des idées de Saint-Simon, déguisée cependant sous un éloge partiel, ces deux lettres, au contraire, révélaient un accord tacite en vue d'une réclame, une façon de publicité, faite de concert ; qu'enfin, l'acte fondant le *Politique* dûment signé Saint-Simon et Comte en 1819 apportait une preuve de leur nou-

---

Comte publiée par la Société positiviste. La lettre n'est pas datée. On a mis la date de 1826. Cela est impossible, Saint-Simon étant mort en 1825. Il est beaucoup plus probable de fixer la date du 11 mars 1823, Saint-Simon ayant tenté de se suicider le 9 mars de cette année.

velle collaboration, étonnante surtout après le ton « des deux lettres anonymes » dans le cas où l'on donnerait quelque créance à la réalité de ce document artificiel.

Quoi qu'il en soit, ces deux documents, l'un capital, l'original des lettres, l'autre intéressant, l'acte fondant le *Politique*, ne peuvent que confirmer nos assertions, quelque hypothétiques qu'elles puissent paraître. En tous cas, toute discussion devra les utiliser.

Écrites de la main d'Auguste Comte, ces deux lettres, que nous nommons, pour ne point les confondre, les « deux lettres anonymes », d'une part, et d'autre part, signé des deux noms, l'accord fondant le *Politique*, forment toutes deux des documents de « première main » d'une haute valeur historique. Trouvées dans les archives saint-simoniennes, elles acquièrent un intérêt et une valeur considérables.

Si Saint-Simon reçut ces « deux lettres anonymes » telles qu'elles sont, telles que nous les produisons, il est impossible de croire à la réalité de l'anonymat et à la franchise de leur teneur; si Henry Saint-Simon ne les reçut ni ne les lut, comment se trouvent-elles dans les archives saint-simoniennes?

Selon toute probabilité, ces deux lettres furent rédigées d'un consentement réciproque ou sur la proposition de l'un des deux philosophes, mais, en tous cas, graphiquement écrites par Auguste Comte. Il est à présumer qu'après réflexion, ce projet de réclame fut reconnu stérile et abandonné.

Et, dans l'amoncellement de ces documents, de même que l'accord fondant le *Politique* qui vient témoigner d'une glorieuse et mémorable confraternité, ces deux lettres anonymes [1], vaines maintenant, exhumées pour l'unique souci de la vérité, demeurent aujourd'hui encore dans les vieux cartons saint-simoniens, inutilisées.

---

1. On trouvera dans l'Annexe n° 1 le texte intégral des deux lettres anonymes.

SAINT-SIMON

PRÉCURSEUR DE L'ENTENTE CORDIALE

En 1814, un philosophe préconisa une alliance entre la France et l'Angleterre au moment où tout semblait conspirer contre son établissement. Ce précurseur de l'entente cordiale n'est autre que Claude-Henry de Rouvroy, comte de Saint-Simon, le cousin du fameux duc, auteur des *Mémoires*, et celui qui donna plus tard son nom à l'École saint-simonienne.

Au seuil de la première Restauration, pendant le court moment où la presse fut libre, une brochure in-octavo, intitulée : *De la réorganisation de la société européenne*, parut chez Adrien Egron, imprimeur de S. A. R. le duc d'Angoulême. Elle portait comme noms d'auteurs ceux de Saint-Simon et d'Augustin Thierry, son élève. On y lisait : « Aujourd'hui que la France peut se joindre à l'Angleterre, pour être l'appui des principes libéraux, il ne reste plus qu'à unir leurs forces et à les faire agir pour que l'Europe se réorganise. Cette union est possible, puisque la France est libre, ainsi que l'Angleterre ; cette union est nécessaire, car elle seule peut assurer la tranquillité des deux pays, et les sauver des maux qui les menacent ; cette union peut changer l'état de l'Europe, car l'Angleterre et la France unies sont plus fortes que le reste de l'Europe. »

Émis en octobre 1814, ce projet d'alliance ne laissait pas que d'être paradoxal. Il eut cependant un certain succès. Le gouvernement de Louis XVIII s'en émut. Pagès, de la direction générale de l'imprimerie et de la librairie, écrit le 27 octobre 1814 à Beuchot, rédacteur du *Journal de la Librairie*, pour le prier de ne pas annoncer une brochure intitulée : *De la réorganisation de la société européenne*, par Saint-Simon, imprimerie d'Egron. Cependant l'ouvrage se répandait. Saint-Simon l'avait fait parvenir à l'empereur Alexandre, accompagné d'une lettre dont Olinde Rodrigues posséda une copie. Le *Censeur*, journal libéral de Comte et de Dunoyer, lui ouvrit ses portes. Puis Henry de Saint-Simon envoya sa brochure à plusieurs notabilités du parti libéral. Avant même que cette brochure ne parût, il en remit le texte à l'économiste Jean-Baptiste Say, comme il appert de cette lettre que nous croyons inédite :

« *A Monsieur de Saint-Simon,*

« Je vous dois beaucoup de remerciements, Monsieur, pour m'avoir fait jouir de l'esquisse de votre ouvrage sur l'utilité d'une alliance entre la France et l'Angleterre. Les principes me paraissent parfaitement sains et utiles, et si, comme je l'espère, vous y ajoutez des développements pour le livrer au public, il en résultera un excellent ouvrage. J'ai lu, avec toute l'attention dont je suis capable, votre esquisse; et le seul inconvénient que je crains est que, ce qui me paraît de la plus grande évidence, ne paraisse problématique et même tout à fait faux, à ceux qui n'entendent pas les vrais principes de l'économie politique. Or vous savez combien ils sont nombreux en France, ou plutôt vous savez que, hors de deux douzaines de têtes, tout le monde a les idées les plus fausses de toutes ces matières et en décide comme s'il s'y connaissait. Pour que vous fussiez entendu, il faudrait commencer par faire l'éducation de notre public. C'est à quoi je travaille de tout mon pouvoir et je viens, précisément pour cela, de publier un catéchisme d'Écon. pol. (*sic*), où j'emploie la forme des demandes et réponses ou du dialogue pour rendre ces idées familières [1]. J'ai l'honneur de vous en porter un exemplaire un de ces jours et de vous renouveler mes remerciements de votre confiance et de votre politesse.

« J.-B. SAY. »

« Paris, 1er août. »

J.-B. Say avait raison. Ces idées étaient nouvelles, paradoxales, fausses même pour ceux qui « n'entendent pas les vrais principes d'économie politique ». Il importait donc, avant tout, de faire l'éducation du public. Le roi était revenu, mais ce n'était plus le roi. En dépit du luxe, de l'étiquette, de la pompe surannée dont Louis XVIII

---

1. *Catéchisme d'économie politique ou instruction familière* In-12, 1815.

se plut à s'entourer, la monarchie nouvelle offrait plutôt le simulacre de l'ancien régime que sa restauration. De la rue de Rivoli où il habitait, Chateaubriand développait des idées semblables. Le 27 novembre 1814, paraissait chez Le Normant, imprimeur du *Journal des Débats,* une brochure intitulée : *Réflexions politiques sur quelques écrits du jour et sur les intérêts de tous les Français.* Les *Débats* consacrèrent d'élogieux articles à cet ouvrage, qui obtint trois éditions, successivement remaniées. L'auteur des *Mémoires d'outre-tombe* vantait, comme Saint-Simon le fera plus tard, la constitution anglaise; et, comme Saint-Simon, établissait un parallélisme entre les deux Révolutions et les deux Restaurations anglaise et française. Chateaubriand, haïssant Bonaparte, « l'homme de l'île d'Elbe », tâchait, par opposition, de populariser la silhouette ventripotente de Louis XVIII, de ce vieillard qui avait désappris l'usage des Français. M. de Lescure a dit à ce sujet fort spirituellement : « Il s'agissait d'idéaliser à l'aide des muses, de glorifier, de tourner à l'apothéose de façon à émouvoir les hommes et à attendrir les femmes, ce retour pédestre et bourgeois d'un roi en habit bleu, à guêtres de velours rouge, et cheveux blancs, invalide du temps, non de la guerre, de ce patriarche goutteux de la royauté, appuyé sur le bras de sa nièce, la duchesse d'Angoulême, à qui son chapeau de paille, ses voiles verts, son air de mélancolie et de pudeur effarouchée donnaient presque l'allure d'une héroïne de roman anglais, rappelant Paméla plutôt qu'Antigone. »

Cependant si la Charte de 1814 n'était pas la constitution de 1791, elle n'était plus la royauté de Louis XVI. Le sang du bonnet phrygien et les abeilles impériales avaient singulièrement laissé leurs traces sur la blancheur des fleurs de lis. Un large fossé s'était creusé entre la monarchie d'hier et celle d'aujourd'hui. Quoique royale de nouveau, la France était devenue pays libre. Forte de ses gloires morales et politiques encore toutes neuves, la France, malgré ses défaites des dernières années de l'empire, malgré l'isolement dans lequel la coalition européenne la reléguait, sentait lever en elle un ferment de liberté et de grandeur qui se développait fatalement. Saint-Simon escomptait la puissance de ce ferment. Son esprit progressif le poussait à considérer la société en marche vers un progrès continu. « L'âge d'or, écrivait-il plus tard, qu'une aveugle tradition a placé jusqu'ici dans le passé est devant nous. » La société, pour arriver à cet âge d'or, devait parcourir des stades successifs. Le passé fournissait un enseignement. Il importe de raisonner *à priori* et *à posteriori*. Le xvie siècle fut le siècle de la théologie, le xviie celui de la littérature, le xviiie celui de la philosophie et de la critique, le xixe doit être celui des grandes questions sociales et politiques. » Et il continuait en disant : « Le siècle passé fut révolutionnaire. Le siècle présent sera réorganisateur. »

Réorganiser : tel fut durant toute sa vie le but premier de Saint-Simon. Après avoir désiré systématiser les sciences et plus tard donner à l'industrie naissante un élan régénérateur, il voulut, en 1814, réorganiser la société européenne. Il semblait qu'avec l'avènement de l'héritier légitime de la couronne devait cesser l'instabilité des gouvernements provisoires, et qu'avec le retour du maître héréditaire devait renaître la bienfaisante paix, richesse des nations.

Benjamin Constant pouvait écrire : « Nous sommes arrivés à l'époque du commerce qui doit remplacer celle de la guerre. » Pour l'extension du commerce et, avec lui, de l'industrie, il fallait justement cette paix désirée. L'équilibre européen, que César avait violenté, en était la seule sauvegarde. Il importait de rétablir cet équilibre et de rendre à la France restaurée la place qu'elle méritait. Elle ne devait abandonner ni ses vieilles prérogatives du passé, ni renoncer à ses nouvelles acquisitions. Une fois les questions de frontières réglées, la France, devenue libre, devait considérer autour d'elle les pays libres. N'existait-il pas, outre-Manche, un empire insulaire, libre lui aussi, qui, après des crises analogues, révolution et restauration, s'était débarrassé du joug de l'absolutisme ? Cet empire, n'était-ce pas la nation britannique ?

Les peuples, composés d'hommes, se conduisent comme des hommes. Des malheurs communs les rapprochent souvent davantage que de mutuels intérêts ; mais l'intérêt et les sentiments marchant de concert, ces deux peuples peuvent se donner la main et s'entr'aider. L'Angleterre devait donc être l'alliée de la France. Cependant, pour cette alliance, les temps ne paraissaient pas propices. L'Europe et ses délégués étaient à Vienne, morcelant le continent au mépris de la France momentanément abattue. En dépit du talent d'un Talleyrand, disait Henry Saint-Simon, le Congrès de Vienne sera de nulle utilité. Chacun verra son intérêt personnel : nul ne s'élèvera à comprendre les événements au point de vue général. Les Congrès peuvent s'assembler, ils n'aboutiront qu'à la guerre. « Il en est des liens politiques comme des liens sociaux, continue Saint-Simon : c'est par des moyens semblables que doit s'assurer la solidité des uns et des autres. A toute réunion de peuples, comme à toute réunion d'hommes, il faut des institutions communes, il faut une organisation : hors de là, tout se décide par la force. »

Puis, dans un aperçu historique, Henry Saint-Simon considère l'Europe telle qu'elle était au moyen âge. Elle formait, disait-il, un seul corps politique, uni par la religion romaine. Luther arrivant, le seul lien qui unissait les puissances divisa l'Europe en deux grandes confédérations qui, nécessairement, furent rivales. Le contingent des armées se grossit. Il ne cessa de croître. Depuis le traité de Westphalie en 1648, la guerre habite l'Europe à l'état permanent. L'Angleterre, libérée du régime féodal, établit sa puissance sur le régime parlementaire : alors elle s'agrandit et son commerce prospéra. L'expérience de l'Angleterre doit servir à la France. La France libre doit adopter le régime parlementaire. C'est la meilleure constitution possible. C'est d'ailleurs la Constitution anglaise, expérimentalement bonne. Par besoin généralisateur et systématique, Saint-Simon s'élève alors à la conception d'un Parlement franco-anglais qui, réglant les affaires des deux nations, rétablira l'équilibre européen. D'ailleurs plus tard, fatalement, tous les pays se donneront la Constitution anglaise. Mais, pour le moment, il faut que la France et l'Angleterre s'unissent. C'est leur intérêt réciproque. La France a besoin de l'Angleterre, comme l'Angleterre de la

France. Cette union peut préserver les deux nations de grandes secousses politiques. Se prêtant un mutuel appui, elles ne trébucheront pas. Telles sont les paroles de Saint-Simon.

Le philosophe entre alors dans des considérations économiques. Si la France est démantelée, malgré sa puissance apparente, l'Angleterre est dans une situation pécuniaire défavorable.

« Le capital de la dette de l'Angleterre, continue le précurseur du socialisme réorganisateur, surpasse la valeur territoriale de trois royautés. » Il faut donc, dit Saint-Simon, « que par un mouvement généreux, la France regarde la dette de l'Angleterre comme le résultat des efforts qu'il fallait faire, pour assurer à la liberté en Europe une patrie d'où elle pût se répandre sur toutes les nations et qu'elle consente à partager le poids d'un sacrifice dont elle partage les fruits. » Le commerce y gagnera. On établira une banque commune aux deux nations, une banque franco-anglaise, pour donner de l'essor à l'industrie française et pour satisfaire aux désirs de la classe commerçante. Sous ces paroles, on sent déjà les idées que Saint-Simon, en 1817, développera dans ses célèbres Cahiers de l'industrie, pour l'établissement desquels il demandait encore aux principaux chefs du parti libéral un appui pécuniaire [1].

1815 arrivait. Le 20 mars, l'Empereur débarquait à Cannes et Louis XVIII gagnait la Belgique. Comme Benjamin Constant, comme Chateaubriand, Saint-Simon fulmine contre l'invasion du territoire français par Bonaparte. Il lance à ce sujet une profession de foi, puis un mois juste avant Waterloo, le 18 mai, il publie de nouveau, avec Augustin Thierry, une nouvelle brochure plus véhémente encore, intitulée : *Opinion à prendre contre la coalition de 1815*, et, s'adressant cette fois à la nation française, il la supplie de se rapprocher de la nation anglaise.

« Vous céderez un jour à la force des choses et vous y viendrez malgré vous. C'est là que vous poussent votre intérêt et la nécessité présente : vous y résisterez peut-être, mais quoi que vous pensiez maintenant, quelque parti contraire que vous

---

1. Cf. *infra*, p. 4 et suiv.

preniez, le temps viendra toujours où vous serez unis à la nation anglaise, et ce sera le terme de vos agitations et de vos maux. »

Ainsi prophétisait, il y a près de cent ans, le précurseur de « l'Entente cordiale ».

UN
SECRÉTAIRE INCONNU DE SAINT-SIMON

Peu d'existences furent aussi diverses, aussi confuses, et, par certains côtés, aussi mystérieuses que celle de Claude-Henry de Rouvroy, comte de Saint-Simon.

Élevé comme un aristocrate, cousin du duc, héritier, par la branche de Sandricourt, des comtes de Vermandois, petit-fils du maître des cérémonies du roi de Pologne, sous-lieutenant à seize ans, ayant fait ses premières armes aux Amériques auprès de son proche parent le marquis ; promu à la pointe de l'épée capitaine, puis colonel, blessé deux fois, décoré chevalier de l'ordre de Saint-Louis, Claude-Henry devait laisser, après sa mort, des disciples enthousiastes, chérissant en lui le souvenir d'un fondateur de secte, l'image d'un socialiste « première manière » à la façon d'un La Rochefoucauld-Liancourt ; il devait au début de la Révolution française, quelques jours après le 10 août, renoncer publiquement, dans la petite commune de Fulvy, à ces titres de noblesse, « ces distinctions impies de naissance », comme il le disait lui-même, et rêver pour ses concitoyens, ses frères, d'un bonheur positif et chrétien, basé sur le respect et la dignité du travail.

Sur ce gentilhomme philanthrope qui, plus tard, devait exercer les métiers les plus différents, nous manquions de documents intimes, nous relatant sa vie, ses habitudes, ses méthodes de travail; grâce à l'extrême amabilité de M. Henry-René d'Allemagne, bibliothécaire à l'Arsenal, à à qui l'on doit de précieuses encyclopédies sur l'histoire des cartes à jouer, des jouets, du luminaire, nous avons trouvé à la Bibliothèque de la ville de Paris un manuscrit, malheureusement anonyme, d'un ancien secrétaire de Saint-Simon.

Dans le catalogue des manuscrits de la ville de Paris, rédigé par M. Fernand Bournon [1], on trouve en effet, sous le

---

1. Catalogue des manuscrits de la ville de Paris, rédigé par FERNAND BOURNON. Paris, Honoré Champion, 1894, *in-4 de 48 p.*

n° 214, l'indication suivante : « Notice sur Saint-Simon et sa doctrine et sur quelques autres ouvrages qui en seraient le développement (sans nom d'auteur), XIX° siècle ; in-fol. de 21 feuillets.

Ce document m'a été indiqué il y aura tantôt deux ans. En dépit de multiples investigations, il m'a été impossible de découvrir quel était le singulier personnage qui se dérobait ainsi sous cet inutile anonymat. La recherche était d'autant plus attrayante que les renseignements fournis par ce secrétaire semblaient plus familiers. Ces renseignements, en outre, apparaissent très exacts et très véridiques — des documents inédits et originaux, en notre possession, venant les contrôler. Ce document n'a donc rien d'artificiel. Sur son authenticité, nul doute. Il est cependant à déplorer que cet historiographe, cédant au désir de philosopher et de commenter, se soit égaré dans de prolixes digressions sur la doctrine de Saint-Simon, établissant des parallèles entre les idées du gentilhomme-citoyen et celles d'un Fourrier, d'un Cabet, d'un Proudhon, au lieu de s'étendre davantage sur la vie intime du précurseur de l'École saint-simonienne. Il aurait été pour nous le plus profitable qu'il remplît auprès de Saint-Simon le même rôle qu'Eckermann auprès de Gœthe, et, pour notre édification, qu'il fût aussi diligent que lui.

Cet inconnu ne nous laisse malheureusement aucune prise pour le saisir, ni le connaître. Son anonymat est soigneusement verrouillé. Les diverses hypothèses ou conjectures que l'on est en droit de formuler sur son identité sont toutes plus ou moins controuvées et s'évanouissent toutes après examen. Ce personnage s'intitule « secrétaire de Saint-Simon ». Or, sur l'existence des secrétaires de l'auteur des *Cahiers de l'Industrie*, l'histoire ne nous rapporte que les noms d'Augustin Thierry et d'Auguste Comte. C'est entre ces deux célébrités que nos investigations devront se porter avant de les éliminer de la discussion.

L'écriture du manuscrit n'est ni de la main de Thierry ni de celle de Comte. C'est un fait. Il ne faut point en induire pour cela que le manuscrit n'ait pas été rédigé par l'un ou l'autre de ces écrivains précités, car l'on pourrait parfaitement admettre que la Bibliothèque de la ville de

Paris n'eût dans ses cartons qu'une copie de l'original. On pourrait même insinuer, encore que cette insinuation fût aussi invraisemblable que gratuite, que le manuscrit aurait été volontairement recopié pour égarer le lecteur futur. Nous avons pu naguère constater un fait sinon analogue, du moins voisin. Dans le premier chapitre de cet ouvrage sur les premiers rapports entre Saint-Simon et Auguste Comte [1], nous avons déjà eu l'occasion d'imputer à Comte une supercherie de ce genre, invraisemblable et gratuite, puisque, en la circonstance, il s'agissait de deux lettres anonymes adressées par Comte à Saint-Simon et écrites par Comte lui-même, comme vient en témoigner la minute originale que nous possédons et dont nous donnons un fac-similé [2].

Dans le manuscrit qui nous intéresse aujourd'hui, il est impossible, par le contexte et par l'expression même du discours, de retrouver le style ni la pensée soit de Thierry, soit de Comte. Le style du fonda-

---

1. Cf. *infra*, p. 44, et *passim*.
2. Cf. fac-similé.

teur du positivisme est énergique, direct, précis, volontaire, tandis que celui de notre secrétaire, sauf certains motifs assez distingués et certaines notations ingénieuses, est lourd, filandreux, incolore. Dans les « deux lettres anonymes », tout était manifestement de Comte : écriture, style, pensée. Ici, rien de semblable.

On ne peut pas non plus attribuer ce manuscrit à d'autres personnages, mais, disciples, professeurs, commensaux de Saint-Simon : tous, soigneusement passés en revue (j'entends de ceux que l'histoire nous révèle), sont ou trop vieux avant 1816 ou morts avant 1848. Le manuscrit, en effet, semble avoir été écrit après 1848 et, selon le dire de l'homme inconnu, il aurait été trop jeune en 1814, au moment où il aurait pu être le secrétaire de Saint-Simon.

« J'étais trop jeune et trop ami du plaisir pour m'occuper de choses si sérieuses et pour entreprendre d'éclaircir et de tirer des idées encore si embrouillées dans le cerveau du maître. »

Quel style! Voici cependant un portrait qu'il nous donne du gentilhomme et qui ne manque ni d'élégance ni de fermeté :

« Il était issu d'une famille illustre et la nature ne l'avait pas moins favorisé que la naissance ; une taille de cinq pieds huit pouces, des traits réguliers, une physionomie intelligente et noble, une large poitrine, des membres proportionnés et bien pris, une constitution robuste, un esprit vif et pénétrant, un caractère franc et généreux, une humeur naturellement grave sans être triste : tels sont les avantages que possédait M. de Saint-Simon; si l'on joint à cela l'usage du monde, une grande expérience des hommes et un grand fonds d'indulgence pour leurs faiblesses, le tableau sera complet [1] ». De portrait écrit, je ne connaissais que celui de M. Michelet, tracé d'après les souvenirs de Fourcy. Il est concis et ramassé : « C'était un bel homme, gai, à la figure ouverte, des yeux admirables, et un nez long, donquichottique [2] »; poussant une pointe dans le moral, Michelet, pour achever son portrait, ajoute « qu'il vivait dans une liberté cynique de gentil-

---

1 Cf. *supra*, manuscrit original, *Document annexe* n° II.
2. *Saint-Simon et son œuvre*, par Georges Weill. Paris, Perrin, 1904, in-8 de x-247 p. (*passim*).

homme sans-culotte ». Stuart-Mill avait dit « original de moyens ».

Gentilhomme, Claude-Henry de Rouvroy, comte de Saint-Simon, le demeura, en dépit de ses multiples avatars : il le demeura quoiqu'il s'en défendît. « M. de Saint-Simon eût pu se passer, comme on le voit, de l'éclat de la naissance, aussi en fesait-il (*sic*) bon marché, et bien qu'il ait écrit quelque part qu'il descendait de Charlemagne, je l'ai plus d'une fois entendu se moquer de l'authenticité de l'arbre généalogique de sa famille que j'avais vu étalé avec ostentation chez son frère puîné, le marquis de Saint-Simon, grand d'Espagne de première classe.... »

Sans-culotte ou mieux « bohème » : tel fut Saint-Simon que des alternatives de bonheur ou de malheur conduisirent sans dominer. A la fois savant et ignorant, le fondateur du saint-simonisme avait en vue le bonheur de l'humanité, et son cerveau de réformateur fermentait de mille désirs. Il travaillait beaucoup et surtout savait utiliser les collaborateurs et secrétaires qu'il s'adjoignait. Il aimait entendre discuter, espérant toujours voir surgir de la discussion « une idée neuve et féconde ». En 1816, comme nous l'avons indiqué ici même, notre philosophe fréquentait chez le parti libéral. Pour faire l'éducation de ce parti, Saint-Simon entreprit la publication des *Cahiers de l'Industrie*, périodique mensuel qui devait répandre à travers le public des « idées neuves et fécondes » touchant la suprématie de la classe industrielle, commerçante et manufacturière. Se souvenant de ses belles années, où il tenait table ouverte à l'hôtel Chabanais, il résolut de recevoir à nouveau. Il vint occuper un appartement convenable, rue de l'Ancienne Comédie, n° 18, dans un grand hôtel près des boucheries Saint-Germain. Notre philanthrope-citoyen y réunissait tous les jeudis ses amis et ses collaborateurs. On se retrouvait à l'heure du repas ; on s'entendait sur les sujets à traiter : « M. de Saint-Simon, dit le secrétaire, écoutait plus qu'il ne parlait pendant les débats qu'il avait soin de ramener et de maintenir sur la question quand ils s'en écartaient, puis il en fesait (*sic*) avec une justesse et une précision remarquable. » Il est à regretter que le secrétaire ne puisse pas nous donner la liste de ces illustres convives. Il ajoute toutefois : « Il en est cependant quelques-uns que je rappelle encore (*sic*) : MM. Scheffer, dont les deux aînés étaient connus, l'un pour son talent dans la peinture et l'autre par quelques productions littéraires, et Ary, charmant adolescent qui depuis a sçu (*sic*) se placer parmi nos meilleurs peintres à côté de son frère ; M. de Saint-Aubain traitait des matières de finances ; M. Bougon, chirurgien ordinaire de la duchesse de Berry, chargé de rédiger des articles relatifs à son art ; M. Magnien, professeur au collège Bourbon, et l'un des MM. Didot. »

Mais sur Saint-Simon lui-même, sur sa méthode de travail, si l'on peut employer ce terme pour cet homme qui ne connut jamais d'autre discipline que sa fantaisie, sur l'emploi de ses journées qu'il commençait au moment où les autres les terminent, l'homme inconnu nous fournit des détails piquants qui ont la saveur de la chose vue : « Pendant que nos rédacteurs s'occupaient à remplir le volume du mois, M. de Saint-Simon ne restait point oisif, il passait ordinairement toute la matinée au travail et prolongeait rarement la séance au delà de midi; le reste du jour était consacré aux courses, aux visites, aux plaisirs. En revanche, la matinée commençait de bonne heure et souvent fort près de minuit. Dès que le silence et le recueillement de la nuit permettait à M. de Saint-Simon de saisir une idée qu'il ne voulait pas perdre, la sonnette raisonnait (*sic*) et il me fesait (*sic*) quitter le lit pour prendre la plume et il dictait et me renvoyait ensuite coucher sauf à me rappeler aussi souvent que ses inspirations venaient l'exiger. »

Saint-Simon avait, comme on le voit, l'esprit soudain, mais malgré cette soudaineté, il était assez sévère pour lui-même. Il apercevait son imperfection. Il déplorait même l'incohérence des matériaux sociaux qu'il possédait alors, dont l'excellence et la cohésion lui eussent été pourtant si nécessaires à la construction de l'édifice qu'il rêvait. Son bon vouloir était grand. Mais il était desservi par une naturelle confusion dans l'esprit. Il entrevoyait ses idées, mais ne les ordonnait pas, en les soumettant à l'inflexibilité d'un plan. Le secrétaire en fait une amère constatation : « son plan n'était pas arrêté, ses idées si vagues, si confuses qu'il lui était impossible de les exposer clairement et de faire comprendre ce qu'il n'entrevoyait lui-même que très imparfaitement; aussi arrivait-il chaque fois que nous ne reprenions l'ouvrage qu'après m'avoir fait lire ce qu'il m'avait dicté dans la séance précédente, il le déchirait ou le jetait au feu, en me disant de prendre une autre feuille ».

Cette confusion tenait surtout à son éducation qui, sans avoir été mauvaise, avait été décousue, débridée. Un caractère violent, emporté, indisciplinable venait encore fortifier ce décousu involontaire. Il avait eu des maîtres trop nombreux et trop brillants, négligeant les fondations indispensables au développement d'un esprit. Son désir futur d'humanité manquait d'humanisme. C'est ainsi qu'il s'enorgueillissait de compter parmi ses maîtres d'Alembert et Rousseau. Mais il n'avait ni la clarté de l'un ni le charme de l'autre. « On m'accablait de maîtres, a-t-il dit, sans me laisser le temps de réfléchir sur ce qu'ils m'enseignaient. » Et le secrétaire de conclure : « Malheureusement sa première éducation avait été négligée sous le rapport des études, comme cela se pratiquait généralement chez les gens de qualité. Il a raconté souvent qu'il avait abandonné fort jeune la maison paternelle, après avoir récompensé d'un bon coup de canif dans la partie basse et postérieure du torse un imprudent précepteur qui avait voulu le soumettre, à l'âge de quatorze ans, à l'humiliante punition du fouet pour stimuler ses efforts studieux [1]. »

On connaît du comte de Saint-Simon d'autres traits plus énergiques encore où se révèle toute sa véhémence, toute sa fougue, toute sa témérité. Chez Saint-Simon, la dominante, c'est l'énergie. Il fut un caractère. Il fut surtout « un homme » dans tout ce que ce terme peut contenir de virilité, un homme dans la tête duquel étincelaient des yeux admirables et altiers — comme Michelet l'a indiqué d'un trait de plume — des yeux qui firent de ce gentilhomme philanthrope, selon l'expression d'un de ses historiens [2], « un meneur d'hommes et un éducateur puissant ».

---

1. Pour toutes les citations, voir le manuscrit original, cf. Doc. ann. n° II, *supra*.
2. Weil, *op. cit. (passim)*.

SAINT-SIMON ET LES FRÈRES PEREIRE

Renan disait, en parlant de la génération de 1830, qu'elle atteignit, cette année-là, « la plénitude de sa virilité ». Et il ajoutait : « En tout, elle se disait appelée à renouveler, et, comme si l'humanité fût née une seconde fois avec elle, elle se croyait capable d'inaugurer en son siècle une littérature nouvelle, une philosophie nouvelle, une histoire nouvelle, un art nouveau. »

A la même époque, les frères Pereire crurent, eux aussi, inaugurer une économie politique nouvelle. Mais, à des théories romantiques, religieuses et sentimentales, ils voulurent opposer, et ils opposèrent la précision des actes. Entraînés par la fougue de la vingtième année, ils avaient recherché, comme beaucoup de leurs amis, la compagnie d'une secte curieuse de philosophes qui fleurit en 1830 : les saint-simoniens. Ils assistèrent, plus près que bien d'autres, à l'éclosion de cette doctrine dont ils surent tour à tour se rapprocher et s'éloigner, selon que leurs idées s'y conformaient ou non.

Jamais religion néo-platonicienne ne fut, pour des esprits ardents, une école plus en harmonie avec leurs idées que le saint-simonisme pour les frères Pereire. Ils aperçurent Socrate, c'est-à-dire Saint-Simon, et l'un de ses disciples, Olinde Rodrigues. Ce dernier, tel Phédon, recueillit sur les lèvres mourantes du philosophe les ultimes pensées du maître dont on pouvait dire :

C'est ainsi qu'il mourut si c'était là mourir.

Or, Olinde Rodrigues était un cousin des frères Pereire. C'est chez M. Rodrigues père que vinrent habiter, venant de Bordeaux où ils naquirent, les deux jeunes réformateurs de la « chose publique », selon l'heureuse formule de Jean-Baptiste Say [1].

Emile Pereire arriva le premier à Paris en 1822. Isaac n'arriva dans la capitale qu'en 1825, au moment où son frère Émile épousait la fille de leur cousin Rodrigues.

1. Cf. *supra*, p. 111.

Les deux frères apprirent auprès de Rodrigues, qui professait la comptabilité, une science qui devait dans l'avenir leur être si nécessaire.

Leur initiation dans ces nouvelles matières fut si rapide que l'un d'eux, Isaac, entra, peu de temps après, comme chef de la comptabilité, chez M. Vital-Roux. Si Rodrigues apprenait au jeune homme une science aussi précieuse, il le mettait en relation avec de nombreuses personnalités de la science et de la finance qui fréquentaient chez lui. Rodrigues était très lié avec M. Fould, où il rencontrait la sœur et la mère de Mendelssohn. Il connaissait les plus grands banquiers de l'époque, les Humann, les Hottinguer, les Halphen, les Ardouin, les Vital-Roux....

Aux relations du père, devaient s'adjoindre celles de ses fils. Rodrigues avait deux fils, Olinde et Eugène, qui, quelques années plus tard, devaient entraîner les frères Pereire dans le sillage d'un homme, fondateur d'une école philosophique, précurseur des grandes rénovations sociales du XIXe siècle : Henry Saint-Simon.

On était en 1825. Isaac Pereire venait de

rejoindre son frère à Paris au moment où ce dernier épousait la fille de Rodrigues, Herminie.

L'époque où vivaient Emile et Isaac Pereire était propice à l'éclosion de leurs intelligences. De multiples exemples s'offraient à eux. De partout, c'était, à ce moment, comme un printemps merveilleux qui germait et dont la sève rajeunie faisait éclater les bourgeons précoces. L'Empire avait bouleversé le monde par sa brutalité, par la soudaineté de ses triomphes comme de ses désastres. Dans les intervalles, aucun repos, aucune trêve. Mais, avec la monarchie, brutalement aussi, la vie renaissait, joyeuse, intrépide, enthousiaste. Un vent de liberté soufflait éperdument. La jeunesse s'épanouissait. Le romantisme, comme une flamme sans cesse activée, gagnait tous les mondes, embrasait tous les esprits. Une vague religiosité, un besoin infini et tendre de s'épancher, de larmoyer et de chanter s'infiltrait dans les cerveaux de cette jeunesse heureuse. La littérature avait donné le signal du mouvement. Émile Faguet, avec le naturel agrément de son esprit clair, a dit de cette période de la littérature qu'elle était celle « où l'imagination et la sensibilité prédominèrent sur toute autre faculté de l'esprit [1]. » Rien de plus exact. On sentait obscurément, sans le définir, qu'il y avait quelque chose de nouveau à proposer, une formule nouvelle à imposer. La nature semblait plus belle et le Dieu qui la faisait telle plus beau à célébrer. Il y avait plus de bonheur puisqu'il y avait plus de liberté.

En 1825, Émile Pereire, — il faut s'en souvenir — n'avait que vingt-quatre ans, et Isaac dix-huit. C'est l'âge où le cœur s'enflamme, où l'esprit a des ailes, où rien n'est impossible. Les frères Pereire voulurent donc, eux aussi, prendre part à ce concert universel unissant toutes les âmes comme toutes les volontés. L'occasion se présenta vite. Un jour, Olinde Rodrigues raconta aux Pereire, qui continuaient d'habiter chez son père, avoir fait la connaissance, chez le banquier Ardouin, d'un homme fort curieux nommé Henry Saint-Simon.

Olinde Rodrigues s'était immédiatement attaché à cet homme, qui, un an au-

---

1. Faguet, *Histoire de la littérature française*, II, 322.

paravant, avait tenté de se suicider par misère. Olinde l'aida à vivre, ainsi que le poète Léon Halévy. Saint-Simon était en train d'écrire son dernier ouvrage : *Le nouveau christianisme*. Il mourut peu de temps après, en 1825, le 19 mai, avec une sérénité socratique et au milieu de paroles d'espérance et de bonheur.

Le comte Henry de Saint-Simon était issu d'une illustre famille, petit-neveu du célèbre duc de Saint-Simon. « Il était grand, mesurait, dit-on, cinq pieds huit pouces, avait des traits réguliers, une physionomie intelligente et noble, une large poitrine, des membres proportionnés et bien pris, une constitution robuste, un esprit vif et pénétrant, un caractère franc et généreux, une humeur naturellement grave, sans être triste; tels étaient les avantages que possédait M. de Saint-Simon : si l'on joint à cela l'usage du monde, une grande expérience des hommes et un grand fonds d'indulgence pour leurs faiblesses, le tableau sera complet [1]. » Héritier d'un nom célèbre, Henry

---

1. Mss. inéd. bibliothèque ville de Paris. Cf. *supra*, annexe n° II.

Saint-Simon fit bon marché des prérogatives dont la gloire de son nom aurait pu l'investir. Il faisait partie de ce qu'au xviii° siècle on nommait « les nouvelles souches » un peu par éducation, beaucoup par tempérament. Il avait été l'élève de d'Alembert et avait connu Jean-Jacques. Sa jeunesse est remplie de traits piquants qui dévoilent à la fois son énergie et son désintéressement. De bonne heure soldat, il part pour l'Amérique. Il y fait école. L'esprit d'un La Fayette était de nature à la séduire : mais il y avait en lui aussi du La Rochefoucauld-Liancourt [1], c'est-à-dire du philanthrope. « C'est en Amérique, dit Saint-Simon, c'est en combattant pour la cause de la *liberté industrielle*, que j'ai conçu le premier désir de voir fleurir dans ma patrie cette fleur d'un autre monde. » Ces deux mots de « liberté industrielle » dépeignent presque tout son programme futur. Saint-Simon revient en France en 1789. Président de l'assemblée électorale de la petite commune de Fulvy, il renonça

---

1. Cf. Ferdinand Dreyfus, *Un Philanthrope d'autrefois : La Rochefoucauld-Liancourt*. Paris, Plon, 1903, in-8.

publiquement à tous ses titres, voulant que l'on supprimât « toutes les distinctions impies de naissance. » C'est à ce moment qu'avec un homme qui, par la suite, l'a trompé, M. de Redern, il spécule sur la vente des biens nationaux. Il a des alternatives de fortune et de misère. Durant les années heureuses, il apprend; durant les malheureuses, il écrit. A un âge avancé, il recommence ses études avec les professeurs et les savants dont il se fait à la fois l'élève et le protecteur. Il se marie, donne des soirées, offre des dîners. Son salon est très fréquenté. Il se met à écrire. Ses écrits sont des brochures, des manifestes tumultueux, des essais prolixes, souvent incohérents, souvent géniaux, jamais indifférents. Il souhaite ardemment une réorganisation sociale, estimant que le XVIIIe siècle a démoli et qu'il appartient au XIXe de bâtir. Cette rénovation n'est possible qu'à l'aide des savants, des artistes, des industriels. Il fait grand fondement sur cette dernière classe d'individus, auxquels il accorderait volontiers la prééminence. Il projette même une publication pour diffuser ces idées. Cette publication se nommerait l'*Industrie*.

Elle aurait pour but de débarrasser le monde
« de la suprématie exercée par les courtisans, par les désœuvrés, par les nobles et
par les faiseurs de phrases [1]. » Il adresse
une requête à « MM. les cultivateurs, les
fabricants, les négociants, les banquiers. »
Un grand nombre de personnalités souscrivent à ces cahiers, qui commencent à
paraître en 1816. Sur la liste des souscripteurs nous relevons les noms les plus
divers : les savants coudoyant les manufacturiers, les nobles frayant avec les banquiers. C'est Arago, Cuvier, Berthollet,
J.-B. Say ; c'est Chaptal, Santerre fils,
Odier, Pépin-Lehalleur; c'est aussi M. le
duc Delarochefoucault (sic), et le duc de
Broglie; c'est enfin Perregaux, Hottinguer,
Vital-Roux, régent de la Banque de France.
Saint-Simon fait une grande différence
entre les oisifs et les travailleurs. On connaît de Saint-Simon sa célèbre *parabole*,
dans laquelle il imaginait d'une part la
perte soudaine de tous les hauts personnages oisifs et, de l'autre, la perte des
savants, des artistes et des industriels. On

1. Cf. *infra*, p. 3.

comprend facilement de quel côté pour lui penche la balance. Tous ses efforts, en effet, se portent vers l'élargissement des conditions de travail. C'est Saint-Simon qui écrivait cette maxime demeurée la devise des frères Pereire : « Toutes les institutions sociales doivent avoir pour but l'amélioration du sort moral, intellectuel et physique de la classe la plus nombreuse et la plus pauvre. » N'est-ce pas là une façon de christianisme? C'est en effet vers un nouveau christianisme que tendait sa dernière volonté. En Saint-Simon naissait et s'épanouissait l'amour du christianisme primitif, christianisme selon Jésus et non selon les papes. Déjà, en 1821, comme épigraphe à son *Système Industriel* [1], il écrit : « Dieu a dit : aimez-vous et secourez-vous les uns les autres. » Primitif et progressif, ce nouveau christianisme est une religion nouvelle, « terrestre et positive ». L'âge d'or n'est plus, selon lui, un idéal, une récompense, mais le travail, le résultat du travail lui-même. C'est de 1817 à 1825 que, poursuivant sa même idée, il publiait ses

---

1. 1 vol. in-8 de 311 p. Paris, Crapelet, 1821.

plus intéressantes brochures. Il fut aidé dans ce travail par un jeune homme d'un rare talent avec lequel il finit par se brouiller : Auguste Comte [1]. Les causes de l'amitié que Saint-Simon professa pour Comte et les raisons de leurs discordes sont à la mesure de leurs talents. Saint-Simon et Auguste Comte étaient tous deux des esprits véhéments et libres qui ne souffrent ni l'un ni l'autre leur ascendant réciproque. La collaboration ne peut exister qu'entre esprits d'inégale valeur. Toute entrave à la liberté peut, dans ce cas, altérer les plus séduisantes amitiés. L'idée de Saint-Simon apparaissait à Comte trop vague, trop inconsistante, pas assez scientifique ni théorique. Il le priait, dans de curieuses lettres dites *anonymes*, de ne point continuer dans la voie où il s'était engagé, qu'au lieu de s'adresser aux manufacturiers, à la classe agricole, aux industriels, il fallait établir des théories, jeter une base de la science sociale, afin d'établir les premiers principes. Dans ces lettres [2], on peut considérer

---

[1]. *Revue historique*, t. XC, p. 57 et seq., et les ouvrages de M. G. Dumas.
[2]. Cf. *infra* : Saint-Simon et Auguste Comte.

la profonde scission qui divise ces deux réformateurs.

En dépit des injonctions de Comte, qui prétendait que le public n'était pas encore mûr pour toutes ces idées, on pouvait voir, depuis la fin de l'Empire, plusieurs esprits libéraux préoccupés du bien-être social, favorisant le développement de cette nouvelle source de richesse : l'industrie. Un conseil général du commerce et des manufacturiers n'avait-il pas été créé [1] ? N'organisait-on pas des expositions universelles ? A cette occasion, Louis XVIII ne décorait-il pas Jacquart et Firmin Didot ? Saint-Simon était justement l'ami de ces esprits libéraux, amis des réformes. Il se liait avec Jean-Baptiste Say qui, en 1803, avait publié son *Traité d'économie politique*, avec Chaptal, avec Benjamin Constant qui écrivait : « Nous sommes arrivés à l'époque du commerce qui doit nécessairement remplacer celle de la guerre. » Deux lettres que nous possédons, l'une de Say, l'autre de Constant, nous renseignent sur la nature de ces relations. Say lui écri-

---

1. Weill, *op. cit.*, p. 98.

vait : « J'ai reçu la brochure que vous venez de publier. Le style en est vif et clair, et les principes excellents. On y reconnaît un véritable ami de la chose publique [1]. » La lettre de l'auteur d'*Adolphe* est curieuse : « J'ai fini le travail qui m'occupait, Monsieur, et qui m'a empêché, bien malgré moi, de profiter de l'offre obligeante que vous m'avez faite il y a quelques jours[,] je ne l'ai fini, dis-je, qu'hier et suis forcé de consacrer encore une ou deux matinées à le revoir; c'est là ce qui a mis obstacle à ce que j'eusse l'honneur de vous écrire pour prendre jour pour une conversation que vous voulez bien désirer. J'ai pourtant, vu l'empressement qu'il est naturel de mettre à lire tout ce qui vient de vous, Monsieur, lu le petit écrit que je vous ai renvoyé. J'en trouve les idées parfaites, mais je vois encore des difficultés d'exécution. Je ne crois pas que la lutte des systèmes puisse être terminée à jamais. Je ne crois pas même que ce fût un bien [2].... »

On voit combien toutes ces idées étaient

---

1. Lettre inédite (archives de famille).
2. Ibid.

en germe chez tous ceux qui faisaient profession de s'occuper d'économie politique, les Say, les Adam Smith, les Sismondi, les Azaïs. Mais, ce ne fut vraisemblablement qu'à la mort de Saint-Simon, qui survint, comme nous l'avons dit, en 1825, que la doctrine de Saint-Simon prit corps et s'extériorisa. Ce furent les disciples, comme au temps du christianisme, qui firent connaître le maître.

Les funérailles de Saint-Simon furent à la fois modestes et grandioses, modestes par le peu d'apparat qu'elles offrirent, grandioses par le nombre d'amis qui voulurent accompagner M. le comte de Saint-Simon jusqu'à sa dernière demeure. On peut lire, dans le *Constitutionnel* du 22 mai 1825, les lignes suivantes : « Aujourd'hui à midi, un cortège funèbre assez nombreux s'est dirigé du faubourg Montmartre au cimetière du Père-Lachaise ; le préposé aux sépultures se présente pour le recevoir et demande où sont ses parents ? Personne ne répond. — Où sont les amis ? Chacun veut répondre.... Bientôt les curieux assemblés par ce spectacle apprennent que le défunt était M. Henry de Saint-Simon, l'un des plus ardents philanthropes de notre époque. » Les discours prononcés, Olinde Rodrigues, héritier testamentaire de Saint-Simon, au retour du cimetière, réunit tous les amis du maître, leur proposant, comme il l'avait promis à Saint-Simon mourant, de fonder un journal où les idées économiques, sociales et religieuses du philosophe seraient développées. On se mit à l'œuvre immédiatement. Le socialisme, comme la littérature, eut aussi, à ce moment-là sa « préface » de *Cromwell*. C'était le romantisme de l'industrie. On créa donc le *Producteur*, journal de l'industrie, des sciences et des beaux-arts, qui fut imprimé par Lachevardière fils et publié par Sautelet, libraire, place de la Bourse. Les statuts de cette société en commandite que devait former le *Producteur* furent signés le 1er juin 1825.

Parmi les noms qu'on peut relever comme ayant signé ces actes que nous possédons [1], on peut citer : J. Laffitte, Boge, Ardouin, Odier, Holstein, Lachevardière, Cerclet, Duvergier, Sautelet, Halevy,

---

1. Archives saint-simoniennes (fonds Fournel), cf. *infra*, préface.

Rouen, Bailly. Mais les deux principales signatures étaient celles d'Olinde Rodrigues et d'Enfantin. Ce journal traitait spécialement « de la position spéciale des producteurs qui la (l'industrie) fera envisager sous un jour nouveau et s'occupera de répandre les idées qui doivent l'élever au degré d'influence que lui assignera la civilisation nouvelle. » Les personnes les plus diverses collaborent à ce journal. D'aucuns qui devaient se faire un nom dans la politique ou dans la presse ; d'autres qui devaient faire partie de l'École saint-simonienne. Adolphe Blanqui écrivit au *Producteur*, ainsi qu'Auguste Comte. On rencontre les noms de Dunoyer, ancien rédacteur du *Censeur européen*, d'Armand Carrel qui devint directeur du *National*, de J.-J. Dubochet qui, en 1826, publia dans le tome II du *Producteur* un article amusant à relire aujourd'hui sur les chemins de fer comparés avec les canaux et les routes ordinaires : « Rail-ways compared with canal and common road. » De cet article, on peut relever des passages qui durent être pour les frères Pereire qui les lurent d'un puissant intérêt : « De tous les grands objets qui occupent en ce moment l'attention et le génie des Anglais, il en est peu qui promettent des avantages plus généraux que l'établissement d'un système de communications intérieures par le moyen de routes à ornières de fer et l'emploi de machines à vapeur mobiles comme force motrice, de chariots ou de voitures adaptées à ces routes. » Dubochet avait écrit aussi : « L'Angleterre se fait remarquer au milieu de ce grand mouvement qui tend à réunir toutes les nations dans un lien commun d'intérêt, de concorde et de fraternité. A peine une nouvelle carrière est-elle ouverte à l'industrie que de nombreuses associations d'hommes à talents et de capitaux s'y précipitent. »

Si nous faisons ici un succinct historique du saint-simonisme, si nous traçons en quelques grandes lignes l'organisation de l'école saint-simonienne, c'est pour faire aisément saisir au lecteur les multiples sujets de méditations qui devaient assaillir les cerveaux des deux Pereire. Le saint-simonisme, comme milieu, fut pour les Pereire d'une telle importance que c'est presque l'histoire même de leur pensée, le développement de leur intelligence que nous décrivons en marge de cette école philosophique. Du saint-simonisme, ils gardèrent toute leur vie une empreinte ineffaçable. Ils en avaient bu l'essence comme un lait maternel.

En 1826, le *Producteur* cessa de paraître par manque d'argent. Mais, sourdement, se faisait la propagande en faveur des idées nouvelles. L'une des plus curieuses figures qui apparut alors fut celle de Prosper Enfantin. Barthélemy-Prosper Enfantin était né à Paris le 8 février 1796. Il est peu de personnes qui n'aient entendu parler du Père Enfantin, de sa barbe soyeuse et de sa beauté. Je croirais assez que cette légende de beauté fut surtout créée par lui-même qui le disait volontiers. Il parlait aussi de ses yeux qui, selon lui, agissaient étrangement sur la foule. Ce petit côté de sa nature ne tarda pas à le ridiculiser et à faire tomber une doctrine qui n'aurait dû quitter ni la théorie ni la pratique et ne pas finir en palinodie [1]. Ancien élève de l'École polytechnique, Enfantin entra dans le com-

---

1. Cf. *Œuvres complètes* : le procès de 1832.

merce, puis, quelque temps plus tard, partit pour Saint-Pétersbourg, comme employé dans une banque. Il ne tarda pas à retrouver en Russie divers ingénieurs, d'aucuns aussi de l'École polytechnique, et à organiser une façon de cercle. Il y retrouva des ingénieurs dont les noms demeurent aujourd'hui gravés dans l'histoire des chemins de fer, les Lamé, les Clapeyron, les Rancourt. Passionnés déjà pour les problèmes économiques, ils se réunissaient le soir pour lire du Condorcet ou du Cabanis. Il est curieux d'observer combien, parmi les futurs saint-simoniens, on rencontre de polytechniciens. Faut-il trouver une raison dans ce fait que ces jeunes hommes, déjà rompus à cette curieuse camaraderie très spéciale aux polytechniciens, à la fois dévouée et familiale, façonnés à ces habitudes d'entr'aide réciproque et de mutuelle confiance, aient pu tout naturellement se joindre en vue d'une même idée et se retrouver sous un même drapeau. Cette fameuse École polytechnique que Monge avait organisée sous le haut patronage du grand Carnot, dont le fils devait être aussi saint-simonien, donnait à la secte tous ses enfants, les Fournel, les Transon, les Lechevallier. C'était aussi Pritchard qui, à Lausanne, publiait son *Essai sur le système d'Helvetius*, saint-simonien aussi. A eux venaient se joindre des admirateurs comme Moïse Retouret, des économistes comme Michel Chevalier, des médecins comme Buchez, des littérateurs comme Duveyrier, des philosophes comme Reynaud, des anciens conspirateurs, membres de la Charbonnerie en France, comme Bazard qui devait, plus tard, devenir, avec Enfantin, chef et « père suprême du culte », mais qui devait aussi en devenir un dissident et être l'occasion d'un schisme bruyant. Vivant au milieu de tous ces esprits en germination, au milieu de tous ces ingénieurs et économistes, Émile et Isaac Pereire ne devaient pas demeurer insensibles. Ils habitaient toujours chez Rodrigues père, en continuelle relation avec ses deux fils, Olinde, « la tradition vivante », Eugène, « cette gracieuse et touchante apparition », comme dit M. Weill, auteur de deux bons ouvrages sur le saint-simonisme [1]. Eugène

---

1. Weill, *Un précurseur du socialisme : Saint-Simon*, et *L'École saint-simonienne*. Cf. Bibliographie.

Rodrigues était une âme ardente. Imbu des saintes Écritures et des grands livres sacrés, il fut l'organisateur de la nouvelle église. Israélite d'origine, mais pris par l'extrême douceur du christianisme primitif, il trouva dans la doctrine de Saint-Simon l'occasion de satisfaire ses passions. On voit encore de nos jours des individus désireux de fondre diverses religions et de s'en composer une au gré de leurs penchants. L'église saint-simonienne fut l'œuvre et la faute d'Eugène. Auguste Comte, au milieu des multiples raisons qui l'avaient éloigné de Saint-Simon, s'était séparé de lui à cause du point de vue religieux. Il prétendait, à ce moment-là, qu'il ne fallait que les questions sociales abandonnassent le terrain purement positif. Il fut curieux de voir ce même Comte, en dépit de ses principes, rêver, vers la fin de sa vie, d'une religion positive. Il semble que même chez les meilleurs esprits, il soit nécessaire, pour grouper les individualités sous un même pavillon, de fonder une religion. Par contre, pour la plupart des hommes, il faut, pour employer l'habituel langage figuré, au pain du corps ajouter le pain de l'esprit. A certains moments, on a besoin d'être soulevé par une force supérieure, idéal ou religion. L'école saint-simonienne sanctifiait le travail et promettait le bonheur sur la terre. On comprend son succès. Ce moyen de propagande fut admirable. On allait à des prédications, qui rue de Taranne, qui rue Monsigny, d'aucuns par croyance, d'autres par complaisante curiosité, comme Sainte-Beuve. Peu à peu Saint-Simon s'effaçait devant Enfantin et Bazard. Une hiérarchie s'organisait. On songea même à porter un costume. On fit retraite à Ménilmontant. On allait de bizarreries en bizarreries. Un procès retentissant mit fin en 1832 à cette tragi-comédie.

Émile et Isaac Pereire n'allèrent ni l'un ni l'autre dans la retraite de Ménilmontant. Tous deux, à des dates différentes, comme beaucoup, s'étaient séparés de l'école proprement dite. Ils continuaient cependant de puiser, au sein de cette école même, des principes qui, par la suite, devaient les guider : l'idée d'association, la glorification du travail, l'amélioration du sort des classes nombreuses, des travailleurs, la suprématie de l'industrie, la facilité des rapports internationaux, des transactions de peuple à peuple, le principe de confiance en général, tels étaient les principes saint-simoniens chers aux Pereire et qui les guidèrent à travers toutes les difficultés de leur existence. A l'heure actuelle, on est étonné encore de trouver à la tête des plus grandes entreprises, sinon les saint-simoniens, mais les fils des saint-simoniens et souvent, à l'origine de l'organisation même de ces entreprises, de retrouver un principe saint-simonien. La mutualité n'est autre qu'un principe saint-simonien.

Isaac Pereire occupa pendant un certain temps, dans la hiérarchie saint-simonienne, la situation de chef de la correspondance. C'est grâce à cette fonction que nous pouvons approximativement fixer la date de son entrée dans l'école proprement dite, car, sans nul doute, Émile et Isaac Pereire, habitant sous le même toit qu'Olinde et Eugène Rodrigues, connurent en 1825, avant sa mort, Saint-Simon lui-même et entrèrent à cette même date dans la secte qui se formait. Dans la correspondance des saint-simoniens, en partie à la bibliothèque de l'Arsenal, en partie en notre possession, la première lettre, signée d'Isaac Pereire, date du 13 janvier 1828. Elle est adressée à Rességuier qui, avec Toussaint [1], formait le groupe du Midi — car, dès la première heure, la nouvelle religion partie des salons, après avoir gagné les faubourgs, la ville et la cour, avait envahi la province. Le *Producteur* avait cessé de paraître en octobre 1826. Après le *Producteur* qui avait été la période philosophique du saint-simonisme, la propagande par le périodique, était née la propagande par conférences, par prédications. De 1826 à 1828, la doctrine fut exposée. Chaque jour, par ce moyen, l'école s'augmentait de nouveaux disciples. Parmi ces catéchumènes, on remarquait les individualités les plus variées, des ouvriers coudoyant des ouvriers, tous venus pour entendre sanctifier le travail, leur supériorité sur les oisifs dont la société ne devait avoir cure. Il fallait cependant songer à avoir un autre or-

1. Mlle Julie Toussaint, la vaillante directrice des écoles professionnelles Élisa Lemonnier, chevalier de la Légion d'honneur, a bien voulu nous donner les archives de son père. Nous la remercions encore ici.

gane, un nouveau journal. Ce fut un des anciens rédacteurs du *Producteur* qui le lança. Fondé le 15 août 1829, l'*Organisateur* fut hebdomadaire. Il cessa de paraître le 15 août 1831. Il s'intitulait : *Journal des progrès de la science générale, avec un appendice sur les méthodes et les découvertes relatives à l'enseignement.* C'est dans cette feuille que parurent les treize séances d'exposition de la doctrine de la seconde année.

Cependant, la Révolution de juillet grondait sourdement. A Louis XVIII avait succédé Charles X. Le libéralisme gagnait du terrain, tandis que, depuis son avènement, Charles X affectait un amour suranné pour les vieux usages et les vieilles fonctions. Charles X était un Louis XVIII moins érudit et plus dévot, mais vieux comme lui, ne songeant « qu'à fermer les dernières plaies de la Révolution » et ne se souciant pas des changements profonds que cette Révolution avait amenés dans le sang et la vitalité du peuple français. On sentait beaucoup plus la réaction que le souci d'une politique avisée. L'opposition jouait son rôle avec un aisance qui flairait la victoire prochaine. Le roi voulait restreindre les droits de la presse et contrôler la pensée des écrivains. « Il n'y a plus d'écrivains, plus d'imprimeurs, plus de journaux, » disait Royer-Collard. A certains moments, toujours même, il ne faut pas toucher à la presse. C'est une force incalculable. La publication des ordonnances de 1830 fut le signal de la guerre ouverte. La Révolution éclata. La surprise fut à la mesure de la répression, spontanée et terrible. Amis des progrès sociaux et des libertés nouvelles, les saint-simoniens ne devaient rester indifférents à la Révolution qui venait. Ces exaltés se montrèrent calmes, au contraire, descendant, comme tout citoyen, dans la rue, mais conseillant le calme et l'organisation. Mais les frères Pereire, fidèles à leur principe, au lieu de se mêler aux barricades et aux cris, demeuraient chez eux, s'instruisant et travaillant, amoureux tous deux de problèmes économiques, sociaux et financiers. Ils se sentaient tour à tour attirés soit vers ce cénacle qui leur avait donné une si noble impulsion, soit vers le cabinet d'études où ils préparaient lentement leur destinée. Ils vivaient donc avec et sans les saint-simoniens.

Durant ces moments, retracer la vie intensive de ces deux frères, les sujets de leurs études, mentionner les livres qu'ils lurent, les gens qu'ils connurent, est chose sinon difficile, du moins périlleuse, les documents précis faisant défaut. Toutefois, connaissant les sujets de leurs travaux et leurs résultats, on peut, à l'aide des livres qu'ils ont lus et que nous avons conservés, à la lumière de leur œuvre écrite, avec le précieux secours des documents et des faits extérieurs, recomposer, selon toute vraisemblance, leur existence de 1828 à 1835.

Emile et Isaac Pereire furent principalement absorbés, durant toute leur existence, par deux grands problèmes économiques qui se pénètrent et se complètent : la création des réseaux de chemins de fer et l'extension du crédit. L'un était indispensable à l'autre. L'idée dominante qui les poussait, — idée saint-simonienne, — peut s'exprimer sous cette triple forme: suprématie du travail et de l'industrie, extension des relations et des transactions internationales, expansion du bien-être général et particulier.

Pour aborder ces trois problèmes, il fallait une double érudition, historique et scientifique. Historique et scientifique devait être en effet leur éducation touchant les diverses formes de transports utilisés; historique et scientifique devait être leur connaissance des diverses manifestations de crédit.

Aussi, devaient-ils s'être imposé la discipline de connaître dans les moindres détails le mécanisme d'une organisation aussi vaste qu'un chemin de fer, — mécanique et comptabilité. Il fallait aboutir à cela.

Comme nous l'avons déjà dit, c'est auprès de Vital-Roux, économiste et philanthrope, ancien souscripteur aux *Cahiers de l'industrie* de Saint-Simon, qu'Isaac Pereire se façonna. Vital-Roux était l'auteur de plusieurs ouvrages estimés où le futur auteur de *Leçons à l'Athénée* et de *la Politique industrielle* puisait de précieux documents. Sans nul doute, il avait lu l'ouvrage de Vital-Roux sur l'*Influence du gouvernement sur la prospérité commerciale* qui date de 1800, ou son *Analyse sur l'établissement des banques en France* (1824). Il lisait et compulsait studieusement les ouvrages des principaux économistes. Nous avons retrouvé dans sa bibliothèque les œuvres des Sismondi, des Adam Smith, des J.-B. Say, des Proudhon. Isaac Pereire avait considéré l'économie politique d'un point de vue historique. On retrouve dans ses ouvrages maints passages où il cite Sully, le célèbre économiste Pesant de Boisguilbert, lieutenant général au bailliage de Rouen, magistrat et écrivain français du XVIIe siècle, et son illustre cousin, Vauban. Isaac Pereire parlait souvent de ce dernier et particulièrement de son ouvrage sur la *Dîme*. A côté de ces vieux ouvrages, nous avons retrouvé, parmi ses livres, les œuvres de David Ricardo, de Malthus, de Rossi, de Stuart Mill, dans d'anciennes éditions aux reliures romantiques. Par la suite, le saint-simonisme arrivant, les rencontres avec des hommes éminents devinrent plus fréquentes, les conversations et les discussions plus nombreuses.

C'était aussi l'époque où fleurissaient les grandes découvertes scientifiques et mathématiques. De partout surgissait une nouvelle invention, un perfectionnement nouveau. C'était surtout la vapeur et ses multiples applications qui excitaient la curiosité. Depuis la découverte de Watt, la vapeur servait à de multiples usages. Depuis longtemps déjà, pour l'exploitation des mines, on avait créé des chemins à bandes de bois comme dans les mines du Harz. C'est de cette façon qu'on exploita les mines de Newcastle. Le progrès succédant au progrès, les bandes de bois furent remplacées par des bandes de fer que l'ingénieur anglais Cun, en 1776, nomma « rails », la traction animale par la traction à vapeur. Si l'on veut même remonter jusqu'à l'antiquité, on peut dire que le principe de la « voie » date des Romains, voire des Grecs. L'illustre historien allemand Curtins a prouvé qu'il existait en Grèce, non pas des chemins de fer, mais des voies à rainures. On a découvert, en effet, plusieurs routes où l'on peut encore considérer des vestiges de rainures qui ne sont point des ornières. Aux portes même d'Athènes, dit Curtins, on rencontre, dans le chemin qui va directement du Pirée à l'Agora, des vestiges manifestes de traces de roues : *manifesta rotæ vestigia*. Ces rainures facilitaient la traction des chars qui pouvaient dès lors, selon l'expression de M. Caillemer, à qui l'on doit une intéressante communication à ce sujet, « s'avancer majestueusement sans qu'aucune secousse ne détruisît l'harmonie de la décoration. » Ces chemins de pierre se nommaient *stone railways*, comme le dit M. Mure dans un curieux opuscule, son *Journal of a tour in Greece*. Il est de toute possibilité que la mort de Laius ait été due à un accident de « bifurcation », Œdipe ni Laius ne voulant ni l'un ni l'autre céder la « rainure ».

Κἀγὼ τὸν ἐκτρέποντα, τον τροχηλάτην
Παίω δι' ὀργῆς [1]....

Œdipe fut moins heureux qu'Ion qu' « aucun méchant n'a jamais forcé à sortir du chemin, à dérailler ».

....οὐδέ μ' ἐξέπληξ' ὁδοῦ
Πονηρὸς οὐδείς [2]....

Quant à l'idée saint-simonienne des lignes de fer sillonnant l'Europe, facilitant la circulation humaine et les transactions économiques, elle est prise entièrement au

1. Sophocle, *Œdipe-Roi*. Paris, Hachette, 1910. V. 806.
2. Euripide, *Ion*, Lipsiæ, in ædibus B. G. Teubneri, MDCCCXI. Cf. t. II, p. 134, v. 635, 636.

principe même des voies romaines. Les Romains avaient construit ces admirables voies dans un but uniquement militaire. En fait, ces routes quadruplement pavées servaient à la circulation. Pline a raconté que, grâce à ces voies, Néron aurait franchi en vingt-quatre heures soixante-dix-neuf lieues de postes, soit trois cent seize kilomètres. Les saint-simoniens se sont tellement inspirés de tracés des voies romaines qu'en maints endroits on peut, sans difficulté, superposer les deux chemins. Toutefois, l'on constate que le centre des voies romaines en Gaule était Lyon, tandis que celui des chemins de fer devait être Paris.

Faire partir de Paris toutes les lignes ferrées, tel était l'objectif des saint-simoniens, le plus cher désir des frères Pereire. Mais il fallait commencer. De petites concessions avaient déjà été accordées, comme nous l'avons dit, pour le transport des houilles. En 1823, une ordonnance royale avait autorisé la création d'un chemin de fer entre Saint-Étienne et Andrezieux qui fut inauguré cinq ans après, le 1er octobre 1828. D'autres lignes ne tardèrent pas à apparaître. Ce furent les chemins de fer de

Rive-de-Gier à Givors (1830), de Givors à Lyon (1832). Émile Pereire souhaite un chemin partant de Paris et aboutissant à un lieu de promenade parisienne. L'endroit qu'il avait choisi était Saint-Germain. Mais l'opinion n'était pas encore favorable à toutes ces entreprises. Les Anglais avaient déjà quelques routes ferrées servant à transporter des êtres humains. Émile Pereire ne laissait pas que d'étudier ces diverses manifestations. Le fameux chemin de fer de Manchester à Liverpool hantait son cerveau novateur. Il connaissait les résultats de cette entreprise, les recettes et les dépenses de ce chemin de fer. En 1831, les recettes s'étaient élevées à 1,642,500 fr.; les dépenses avaient été de 884,000 fr. On avait donc pu répartir 758,500 fr. Mais il fallait décider le gouvernement. Aussi, les saint-simoniens se mirent-ils à réclamer la création des chemins de fer dans leur nouvel organe, le journal *le Globe*, qu'ils venaient d'acheter récemment. Depuis 1824, ce journal avait été la tribune où trônaient presque tous les chefs du gouvernement de Juillet. Cette feuille, d'abord purement littéraire, devint exclusivement politique. « Elle avait pour but, disait Sainte-Beuve, qui y collabora, de faire arriver plus commodément au pouvoir les doctrinaires petits ou grands. » C'est ce qui advint. Pierre Leroux, qui avait fondé le *Globe*, demeura au journal durant les premiers temps que le possédaient les saint-simoniens. Michel Chevalier était le directeur de ce journal qui, acheté le 18 janvier 1831, cessa de paraître le 20 avril 1832.

Le *Globe* saint-simonien a un grand rôle à jouer. Il demande la réorganisation de la société sous des bases plus équitables. Il prêche la suprématie de l'industrie, l'extension du crédit. Pour y arriver, les banques doivent être réorganisées. C'est la force d'un gouvernement. L'homme isolé ne doit plus exister. La société saint-simonienne a pitié de lui : elle réclame l'association. Ainsi, il faut unifier les richesses éparses, les concentrer pour en faire un levier puissant. « Si l'on voit, disaient les frères Pereire et leurs amis, se manifester tant de perturbations, tant de désordre dans la création et la distribution des richesses, c'est que la répartition des instruments de travail est faite par des individus isolés, ignorant à la fois et le besoin de l'industrie et les hommes et les moyens d'y satisfaire. » En parlant ainsi, les Pereire n'étaient nullement des révolutionnaires, mais des réformateurs. « Nous avons été des réformateurs infatigables, disait Isaac en parlant de son frère et de leurs collaborateurs, nous n'avons jamais été des révolutionnaires. » Et il ajoutait : « A l'ignorance et au fanatisme des sectes socialistes, nous avons sans cesse opposé les vrais principes de la science économique. » Boiteau d'Ambly, qui cite cette dernière phrase dans l'article nécrologique qu'il consacra à Isaac Pereire dans le *Journal des Débats*, ajoute en manière de contexte : « Aucune de leurs idées, presque aucun de leurs actes qui ne soit d'un économiste et atteste, ce qui vaut mieux souvent que des travaux d'Académie, la science profonde de l'économie politique appliquée à la production et à une large dissémination des richesses. »

Dès 1830, les deux frères — Émile Pereire avait alors trente ans, Isaac vingt-quatre — proposèrent au gouvernement un projet de banque basé sur le principe de la mutualité. Il fut présenté le 4 septembre 1830, deux mois après la Révolution, un mois après l'avènement de Louis-Philippe. Ils voulaient émettre des « *bons au porteur* produisant un intérêt *d'un centime* par jour pour 100 fr., soit 3 fr. 65 par an, payable tous les six mois, le 1er avril et le 1er octobre. Le gouvernement souscrirait une garantie de *50 millions;* les banquiers et les commerçants stipuleraient librement l'importance de leurs garanties et de leur coopération ». Les effets à deux signatures pourraient être escomptés à toutes les échéances, sous la sauvegarde d'un conseil supérieur, « composé de banquiers, de négociants, de manufacturiers notables et de personnes nommées par le gouvernement jugeant la solvabilité des emprunteurs et déterminant la nature des gages exigés ».

Ce projet de banque est aujourd'hui d'un très sérieux intérêt au point de vue historique, puisqu'il est en somme le précurseur des deux grands instruments de crédit, que les frères Pereire organisèrent par la suite, et qui furent les rouages indispensables à leurs entreprises. Le projet de banque de 1830 contenait en germe la fondation du

Comptoir d'escompte de 1848 et du Crédit mobilier de 1852.

Ces idées économiques, non seulement ils les voulaient mettre en pratique, mais ils en voulaient exprimer la théorie. C'est ainsi qu'à la fin de 1831, Isaac Pereire fit, dans la salle de l'Athénée, place de la Sorbonne, plusieurs conférences sur les notions de *valeur, d'échange,* d'*argent,* sur *le rôle des banques.* Ces leçons furent publiées dans le *Globe* et parurent ensuite dans une brochure intitulée : *Leçons sur l'industrie et les finances.* Ces leçons sont très remarquables par leur précision, leur documentation avisée, et montrent à quel point les frères Pereire avaient pris dans le saint-simonisme le grain qui germe, laissant aux rêveurs et aux sentimentaux le bénéfice des utopies. Quand on considère l'existence des frères Pereire, on est étonné de voir combien semblables furent leurs conceptions de jeunesse et celles de leur âge mûr, combien furent peu modifiées par l'expérience leurs idées fondamentales. Peu d'hommes eurent dans leur vie une égalité de méthode aussi suivie que ces deux frères. On comprend aisément, dès lors, qu'au moment où le saint-simonisme pénétrait, comme nous l'avons vu, sur un terrain où la raison pratique défaillait, Émile et Isaac Pereire se soient séparés de cette secte. Émile la quitta le premier, Isaac ne tarda pas à le suivre.

Les deux frères continuaient leur rôle de publicistes. En même temps qu'il écrivait au *Globe*, Isaac collaborait au *Journal des connaissances utiles*, au *Temps*, non pas celui de Neffzer, mais celui que Guizot et Jacques Coste fondèrent en 1829, « sans haine pour la dynastie, ce journal, dit Hartin, faisait aux actes et aux tendances rétrogrades du gouvernement une guerre loyale et vigoureuse ». De son côté, Émile Pereire avait été attiré au *National* par Armand Carrel. Le *National* était alors une feuille toute nouvelle comme le *Temps*. Le *National* fut fondé le 3 janvier 1830, quelques mois avant la Révolution, par le triumvirat Carrel, Mignet, Thiers, pour renverser le gouvernement de Charles X, « la monarchie parjure ». Les rédacteurs du *National* ne voulaient pas encore d'une République, mais ils voulaient une monarchie constitutionnelle. Le 21 juillet, le *Na-*

tional prévit le coup d'État. Les « ordonnances » parurent dans le *Moniteur* du 26. Elles supprimaient la liberté de la presse. On se souvient de la protestation indignée signée par Thiers et que signèrent dans un acte mémorable le *Globe*, le *Constitutionnel*, le *Temps*, le *Journal de Paris*, le *Figaro*.

Après la Révolution de juillet, Carrel restait maître de la situation. Il connaissait les articles qu'Émile Pereire avait écrits au *Globe*. Il en appréciait le verbe acerbe et la technique solide. Émile accepta d'entrer au *National*, sans toutefois encore cesser sa collaboration au *Globe*. Cependant Émile prévint Carrel qu'il entrait au *National*, à la condition unique qu'il y développerait toutes ses idées en pleine liberté. Carrel accepta. Émile collabora donc au *National* de 1831 à 1835. Ces articles sont intéressants à relire aujourd'hui encore. Émile Pereire ne se borne pas à tout critiquer et à tout démolir, il veut supprimer les impôts de consommation qui pèsent sur le travail et respectent le superflu du riche : il propose alors des impôts de remplacement : l'élévation des droits de mutation et de succession en ligne collatérale, la liberté du commerce pour faciliter les transactions et augmenter la consommation générale. Il s'occupe des caisses d'épargne, démontre qu'au lieu de demeurer stériles, à la charge de la dette publique, elles pourraient, si elles étaient centralisées, servir à commanditer le travail.

Toutes ces idées étaient bien *saint-simoniennes* par l'esprit, mais plus par la lettre. Émile et Isaac Pereire avaient mis sous une forme concrète les idées métaphysiques des saint-simoniens. On peut dire, en vérité, que les frères Pereire vécurent plutôt en marge du saint-simonisme que de prétendre qu'ils furent des orthodoxes du saint-simonisme. Des idées nouvelles, ils s'imprégnèrent à un tel point qu'ils purent chacun, en mourant, répéter cette belle maxime de vie dont le philosophe Guyau souhaitait pour tout homme la réalisation pratique : « Une belle pensée de jeunesse réalisée dans l'âge mûr. »

# DOCUMENTS ANNEXES

Lettres à M. [...]
par une personne q[ui se]
nommera plus tard.

1ère Lettre.

Monsieur,

Prenant un vif intérêt à tou[tes les choses qui]
me paraissent susceptibles de co[ntribuer]
~~quelque chose~~ aux progrès de l[a science]
et au développement de la civi[lisation,]
j'ai dû être péniblement affecté d[u...]
votre entreprise a essuyé il y a [...]
Je l'ai été d'autant plus qu'il m[e semblait]
que le revers était en grande par[tie dû à votre]
ouvrage, et le résultat nécess[aire d'un jugement]
faux et irréfléchi que vous [avez porté]
dans votre troisième volume. Vous a[vez reconnu votre]
erreur; vous la signalez franchem[ent et vous]
tentez aujourd'hui de vous ~~en~~ relever[...]

DOCUMENT ANNEXE N° I

Lettres à M. H. Saint-Simon || *par une personne qui se* || *nommera plus tard.*

Manuscrit in-folio de 17 feuillets
(ARCHIVES SAINT-SIMONIENNES —
Fonds Fournel)
[carton Saint-Simon]

REMARQUES

Nous publions le manuscrit des deux lettres dites « anonymes » selon la copie originale que nous possédons dans les *Archives saint-simoniennes* (Fonds Fournel). Nous avons respecté toutes les fautes et toutes les ratures et noté toutes les surcharges et toutes les suppressions. — A. P.

LETTRES A M. H. SAINT-SIMON

PAR UNE PERSONNE
QUI SE NOMMERA PLUS TARD

[*Page*] (1)[1].

[PREMIÈRE LETTRE]

1ʳᵉ lettre

Cette lettre est d'Auguste Comte comme le montre suffisamment l'écriture.
G. d'E.

[*Fol. 1.*]   Monsieur,

prenant un vif intérêt à tous les travaux [1] qui me paraissent susceptibles de contribuer [2] au progrès de la science sociale et au développement de la civilisation, j'ai dû être péniblement affecté du revers que votre entreprise a essuyé il y a six mois, et je l'ai été d'autant plus qu'il m'a paru que ce revers était en grande partie votre ouvrage, et le résultat nécessaire de la di-

---

1. *Correction.* Comte avait mis primitivement « toutes les entreprises ».
2. « Pour quelque chose », *effacé.*

1. Cette indication mentionne uniquement la distribution des pages sur le manuscrit original.

rection fausse et irréfléchie que vous aviez prise dans votre troisième volume. Vous avez apperçu (*sic*) votre erreur, vous la signalez franchement et vous tentez aujourd'hui de vous relever. Je viens de lire l'écrit que vous avez [1] publié ces jours derniers et je m'empresse de vous communiquer le jugement que j'en porte, ainsi que les réflexions que cette lecture m'a suggérées et que je viens de rédiger à la hâte. Comme il ne s'agit, à mon avis, de rien moins que de préserver votre entreprise d'une seconde catastrophe aussi complète et bien plus décisive que la première, j'espère que vous voudrez bien, en faveur du motif, excuser la liberté que je prens (*sic*) de m'exprimer en toute franchise et que vous trouverez le jugement que je porte sur votre écrit digne de fixer sérieusement votre attention. Je m'empresse d'ailleurs de vous accorder plein pouvoir de publier cette lettre, ainsi que toutes celles que je pourrai vous écrire dans la suite sur le même sujet, si vous croyez que cette publication puisse vous être de quelque utilité [2].

En fesant (*sic*) la revue des principales

---

1. Primitivement « venez de ».
2. Primitivement « servir utilement votre entreprise ».

classes de la société, de celles qui exercent le plus [*fol. 2*] d'influence dans la formation de l'opinion générale, et en examinant quelle impression doit faire votre écrit sur chacune d'elles, je me suis bientôt convaincu, Monsieur, que votre entreprise, telle que vous la présentez aujourd'hui, doit succomber une seconde fois. C'est un point sur lequel je ne crois pas que vous puissiez conserver de doute, si vous voulez bien prendre la peine de parcourir avec moi cette série d'observations.

Je pourrais commencer par les journalistes, car ils exercent, quoique asservis, un grand empire sur l'opinion d'une foule de lecteurs, et je pourrais vous faire observer que ces messieurs n'entretiendront point le public des idées que vous venez de produire [1], parce qu'il leur sera défendu d'en parler. Mais, depuis l'heureuse invention des journaux non-périodiques, cet inconvénient est à peu près nul, et les ouvrages mis à l'index de la police ont, tout aussi bien que les brochures ministérielles, les honneurs de l'annonce.

Je laisse donc les journalistes, et j'arrive à la classe pensante ; voyons d'abord vos confrères, messieurs les publicistes. Plus votre travail renferme d'idées neuves et

[1]. Quand je di que les journa listes n'entretien dront point le pu blic des idées qu vous venez de pro duire, je ne pré tends pas avance qu'ils ne feron point sur votre ou vrage des article et des articles peu être fort long Mais ces * article ne traiteront aucu

* « Ces deu je », *effacé*.

profondes, plus vous devez être persuadé, ce me semble, que les publicistes (à quelques exceptions près, malheureusement fort peu nombreuses) craindront de nuire à leur réputation en fesant (*sic*) des efforts pour établir la vôtre. En conséquence, tout en louant vos intentions (qu'il serait sans doute assez difficile de blâmer ou de suspecter), ils s'attacheront à prouver que votre écrit ne contient rien de neuf, et que toutes les idées justes et utiles qui s'y trouvent ne sont que la répétition des opinions qu'ils avaient émises avant vous.

Les savans (*sic*) adonnés à la culture des sciences d'observation et de raisonnement trouveront le moyen que vous présentez neuf et simple, et d'un succès certain ; ils seront frappés de la justesse de vos démonstrations principales, et probablement ils seront aussi satisfaits qu'étonnés de trouver dans votre logique une rigueur et une clarté dont ils [1] pensent que les matières politiques ne sont point susceptibles ; enfin, vous obtiendrez [*fol. 3*], je crois, leur entière approbation. Mais vous ne devez pas espérer pour cela qu'ils emploient en votre faveur l'influence qu'ils pourraient exercer

---

1. « Croi.... », *effacé*.

dans cette occasion sur l'opinion publique. Loin de là, ils se hâteront de renouveller (*sic*) leur profession de foi habituelle, qu'ils ne se mêlent point des affaires politiques. Tous ces savants, les mathématiciens surtout, sont animés en général d'un grand libéralisme théorique qui va quelquefois jusqu'à l'exagération la plus outrée; mais ils n'en conforment pas moins leur conduite à la maxime prudente :

> Qu'on se batte, qu'on se déchire,
> Peu m'importe, c'est un délire.

Cette classe de la société, qui, en général, *pense* beaucoup et pense juste, mais *sent* fort peu, est, en France, plus nombreuse, plus accréditée, et peut-être plus égoïste que dans aucun autre pays.

Si les savans (*sic*) ne vous soutiendront pas, du moins ils vous jugeront bien. Mais quant à l'Université, elle déversera sur vous et sur votre écrit le plus profond mépris, par la raison que vos opinions ne sont fondées sur aucune des idées[1] produites par les oracles des collèges, c'est-à-dire par les auteurs Grecs et Latins.

Après ce coup d'œil jetté (*sic*) sur la

---

1. Primitivement « maximes ».

classe qui écrit et sur celle qui pense [1], considérons la classe qui agit, qui exerce une influence politique directe. La cause que vous soutenez [2] a dans cette classe des amis et des ennemis; vous ne serez pas mieux traité par les uns que par les autres [3]. Examinons d'abord *l'industrie*, que vous servez avec tant de zèle et de constance, dont tous vos travaux ont pour but direct d'améliorer la condition sociale.

Les industriels, commerçans (*sic*) et manufacturiers sont trop occupés par leurs affaires personnelles pour donner beaucoup de tems (*sic*) à la lecture, et, d'ailleurs, ils n'ont pas, en général, le goût des occupations intellectuelles. Ils ne sont point habitués à combiner leurs intérêts particuliers avec l'intérêt général; ils ont été élevés dans [*fol. 4*] un sentiment de crainte et de subordination aveugle à l'égard du gouvernement, et ils s'empressent beaucoup moins à réformer les [4] abus qu'à les faire tourner au [5] profit de leurs intérêts privés. Obtenir un monopole, s'enrichir dans le

---

1. Ici s'intercale « je », *effacé*.
2. Primitivement « servez ».
3. Primitivement « *des* uns *des* autres ».
4. Primitivement « leurs ».
5. Primitivement « à leur ».

courtage d'un emprunt, voilà ce qui stimule l'ambition du plus grand nombre, de la presque totalité. Ceux d'entr'eux (*sic*) qui ont vu clairement que l'industrie a le droit et le pouvoir de contraindre les gouvernemens (*sic*) à diriger les affaires générales de la manière la plus conforme aux intérêts des producteurs sont encore en si petit nombre, et ils soutiennent leur opinion avec si peu d'énergie, qu'ils sont entraînés par le torrent de l'égoïsme, contre lequel ils n'osent point élever une digue. Ainsi, vous ne devez pas vous dissimuler que votre écrit ne sera lu que par très peu de commerçans (*sic*) et de manufacturiers, que, parmi le petit nombre de ceux qui le liront, très peu sentiront son utilité, et que la petite pincée de ceux qui l'approuveront ne vous soutiendra point, par la peur qu'ils auront de se [1] compromettre [2]. Voilà ce qui vous est arrivé déjà et ce qui vous attend de nouveau.

Quant aux propriétaires de terres non-cultivateurs, vous n'aspirez pas, sans doute, à leur approbation, car la mesure que vous proposez est fort loin, il faut en

---

1. « Je », *rajouté*.
2. Primitivement « de compromettre leurs personnes et leurs capitaux ».

convenir, d'être conforme à leurs goûts et à leurs habitudes. Ainsi préparez-vous aux attaques de tout genre qu'ils vous livreront, et vous savez combien est puissante l'influence de cette classe d'hommes. Ils prétendront que vous cherchez à bouleverser la société, ils se récrieront sur le danger des innovations et ils emploieront tous leurs moyens à insinuer à l'opinion que la mesure que vous proposez ne doit pas être adoptée et ne mérite pas seulement d'être examinée. Voilà, n'en doutez point, ce qu'ils diront et feront dire. Aussi que vous avisez-vous de proposer la réforme ([*page*]2) [*fol. 5*] d'un ordre de chose dont les fainéans (*sic*) se trouvent si bien et qui placent ceux qui ne font que consommer si au-dessus de ceux qui produisent?

Les industriels agricoles, qui seraient les intéressés les plus directs à l'adoption de la mesure que vous proposez, sont encore des espèces de serfs; leur esprit est sans culture, leur âme sans énergie; plaire à leur maître est à peu près toute leur ambition. Ces hommes ne lisent pas du tout, ainsi ils ne prendront pas connaissance de votre ouvrage, et vous n'avez, par conséquent, aucun appui à attendre d'eux.

Les légistes, Monsieur, sont bien maltraités dans votre écrit. Ce que vous en dites est, à la vérité, frappant d'exactitude, mais c'est pour cela même qu'ils ne vous pardonneront jamais. Vous avez saisi leur véritable esprit beaucoup mieux que personne ne l'avait fait jusqu'à présent ; on voit que vous les avez bien étudiés et que vous les connaissez à fond ; mais tremblez de les avoir ainsi montrés à découvert. Autant ce que vous dites de leur influence sociale me semble vrai et ingénieusement observé, autant il me paraît impolitique et imprudent d'avoir tourné contre vous toute cette influence. Les légistes, en un mot, vont devenir par cette indiscrète révélation les ennemis naturels et déclarés de vos idées et de votre cause. Il est vrai que vous ne prenez pas la peine de le dissimuler, et que vous désignez fort nettement aux industriels les légistes, comme les antagonistes contre lesquels ils doivent se diriger aujourd'hui. Mais vous n'avez pas réfléchi, Monsieur, que les industriels ne peuvent être pour vous que des amis fort tièdes et des auxiliaires très faibles, tandis que les légistes sont des ennemis acharnés et des adversaires formidables [1]. Voici, ce me semble, de quelle manière ils se [fol. 6] conduiront à l'égard de votre écrit.

[1]. Les avocats d
Paris viennent d
donner un exem
ple récent de la di
position du corp

Les légistes sentiront très bien toute la force ¹ du moyen que vous proposez ainsi que la justesse des premiers raisonnemens (*sic*) que vous avez présentés à l'appui de cette mesure. Mais ils se garderont bien de l'approuver, et ils éviteront avec le même soin de la contredire ; tous leurs ² efforts auront pour but d'empêcher qu'il s'entame une discussion à ce sujet. Votre action sur l'opinion publique sera beaucoup trop faible pour les forcer à s'expliquer et ne pourra aucunement lutter avec l'influence prodigieuse qu'ils exercent sur la société. Ils affirmeront d'un ton doctoral que vos nouvelles idées sont des chimères, comme tout ce que vous avez dit jusqu'à ce jour, et ils déclareront que, dans tous les cas, s'il y a quelque chose de bon dans votre écrit, attendu que, de l'aveu de tout le monde, cela ne pourra être utile qu'aux générations suivantes, la génération actuelle ne doit point s'en occuper. En émettant cette opinion, ils sentiront bien qu'elle est fausse et que la génération présente verrait sa condition grandement améliorée par l'adoption de ³ votre mesure ; mais

1. Primitivement « justesse », *effacé*.
2. Primitivement « les », *effacé*.
3. Intercalé primitivement « la », *effacé*.

vous savez que les légistes n'ont pas besoin d'être convaincus de la justesse d'une opinion pour la soutenir avec chaleur. Ainsi, cette opinion sera produite, et ils compteront[1] sur l'égoïsme de leurs contemporains, sur leur paresse pour penser, sur la crainte qu'ils ont de laisser apporter le moindre changement à leurs habitudes. Cette tactique jésuitique sera couronnée d'un succès qui ne pourra pas, à la vérité, être éternel, car rien de ce qui est vraiment utile ne peut plus, graces (*sic*) à la civilisation moderne, être complettement (*sic*) étouffé ; mais qui pourra durer assez long tems (*sic*) pour vous ravir le fruit de vos travaux.

[*Fol. 7.*] De toutes les classes qui exercent quelque influence sur l'opinion publique et sur la marche des affaires, il ne me reste, je crois, à considérer que celle des gouvernans (*sic*).

Le ministère n'a point assez de philosophie, il n'est point composé de têtes assez fortes pour sentir tout l'honneur qui rejaillirait sur lui de la protection qu'il accorderait à vos travaux ; il ne porte point ses vues assez loin pour appercevoir (*sic*) dans l'avenir les maux qu'il éviterait à la nation

---

1. Intercalé primitivement « pour », *effacé*.

Française en encourageant les recherches de la nature de celles qui vous occupent. On se perd à disserter pour ou contre le plan politique du ministère ; mais, en consultant les faits, il est, ce me semble, facile de reconnaître que le ministère ne suit aucun plan et qu'il vit au jour le jour. Trouver des ressources pour les besoins du moment est son unique occupation, et sa direction, s'il en a une bien déterminée, est plutôt rétrograde que progressive. Si vous indiquiez de nouveaux moyens pour maintenir et pour accroître l'arbitraire en conservant les formes constitutionnelles, ou si vous découvriez la manière d'établir de nouveaux impôts sans trop effaroucher les contribuables, vous recevriez des éloges et des récompenses ; mais comme vos recherches sont d'une nature absolument opposée, vous n'avez aucun appui à espérer des gouvernans (*sic*). D'un autre côté, je crois le ministère trop rusé pour vous mettre en jugement, car le plaidoyer d'une affaire de ce genre fixerait l'attention du public sur la découverte des vérités politiques que l'on voudrait tenir dans l'ombre. Il faut donc vous résigner [6] à être privé

---

1. Primitivement intercalé « d'avance », *effacé*.

même des honneurs et des avantages de la persécution.

N'oubliez pas d'ailleurs, Monsieur, que le ministère, comme vous l'avez remarqué vous-même, est composé, en majorité, [*fol. 8*] de légistes qui pourraient bien se croire destinés à venger leur corporation. Ils sont rares les hommes qui pensent comme le bon Louis XII : « Ce n'est pas au roi de France à venger les injures du duc d'Orléans. »

Il vous resterait pour ressource la colère des nobles, s'ils conservaient encore quelque crédit dans l'opinion, car ils ne manqueront pas de tomber sur vous à bras raccourcis. Mais l'influence qu'ils exerçaient jadis est si complètement détruite qu'ils ne peuvent plus faire du bien aux écrivains libéraux, quelque mal qu'ils en disent. M. de la Bourdonnaye n'a pas eu le crédit d'accroître de dix exemplaires la vente des ouvrages contre lesquels il a jetté (*sic*) feu et flamme.

Je crois utile de résumer en peu de mots toutes les observations précédentes, afin de rendre leur conséquence plus sensible; je vais vous présenter en quelque sorte le bilan de votre entreprise.

Vous serez soutenu, mais très faiblement, et sans [1] le moindre zèle, par les industriels,

vous serez violemment attaqué par les propriétaires territoriaux non cultivateurs et par les légistes,

les savans (sic) et les publicistes ne vous feront ni bien ni mal, de même à peu près que le ministère.

Ne résulte-t-il pas avec évidence qu'une nouvelle chute vous est inévitablement destinée? Ne pouvant compter sur aucun secours de la part des savans (sic) et des publicistes, à peu près abandonné par les industriels, réduit enfin à vos seules forces, comment pourriez-vous résister à la prodigieuse influence des légistes dirigée tout entière contre vous? Et vous n'aurez pas même pour ressource les réquisitions de M. de Marchangy?

Je suis donc intimement persuadé, Monsieur, ([*page*] *3*) [*fol. 7*] que vous allez échouer une seconde fois dans l'entreprise que vous avez conçue. Malheureusement, je ne puis douter que ce ne soit encore de votre faute. C'est ce que j'entreprendrai de vous démontrer dans ma seconde lettre, où j'établirai qu'il dépendait entièrement de

---

1. Primitivement intercalé « aucun », *effacé*.

vous d'éviter ce nouvel échec et que vous pouviez vous ouvrir une route aussi riante et aussi sûre que celle dans laquelle vous êtes lancé est sombre et périlleuse. Pour le moment, permettez-moi, Monsieur, de terminer une lettre déjà trop longue en vous rappelant un principe que les écrivains politiques devraient toujours avoir en vue [1].

Les hommes qui écrivent, de même que ceux qui gouvernent, ne doivent jamais s'en prendre qu'à eux seuls des succès qu'ils n'obtiennent pas, au lieu d'accuser le public d'être la cause de leur chute. Et, en effet, les écrits doivent être faits pour le public, et non le public pour les écrits. Il est étonnant que les publicistes libéraux qui ont pour principe fondamental que les gouvernans (*sic*) sont faits pour les gouvernés ne se soient pas encore apperçus (*sic*) que les écrivains sont faits pour les lecteurs ; la raison en est pourtant [2] la même.

J'ai l'honneur de vous saluer.

Y.

---

1. Primitivement « ne devaient jamais oublier », *effacé*.
2. Primitivement « entièrement », *effacé*.

[DEUXIÈME LETTRE]

2ᵉ lettre

[*Fol. 1.*]   Monsieur,

malgré le sinistre avenir que je vous ai prédit, et que je crois vous avoir démontré dans ma première lettre, vous auriez tort de présumer que mon opinion personnelle est entièrement défavorable à l'écrit que vous venez de publier. L'idée fondamentale me paraît une belle et utile conception, et je suis persuadé que tôt ou tard on finira par l'adopter, parce qu'elle est, à mon avis, le véritable et unique moyen d'élever sans secousses l'organisation sociale au niveau des lumières, et qu'il faudra bon gré malgré (sic) qu'on finisse par s'occuper de cela. Les principales conséquences de votre idée me semblent bien déduites, et je trouve dans les considérations accessoires plusieurs apperçus (sic) neufs et lumineux ; mais je n'en persiste pas moins à soutenir que l'écrit, considéré dans son ensemble, ne devait point être publié, et je fonde cette manière de voir sur le terrible sort que sa publication prépare à votre entreprise. La cause de cette catastrophe est, selon moi, que votre écrit, rempli d'idées justes et neuves, est néanmoins dans une mauvaise direction. En effet, votre unique tort, à mes yeux, a été d'avoir suivi votre idée fondamentale dans ses conséquences politiques au lieu de la suivre dans ses conséquences scientifiques, ce qui était possible, facile, et d'un succès certain, ainsi que je le montrerai tout à l'heure. Examinez, Monsieur, combien cette première faute vous a mené loin. En dirigeant tous vos travaux vers le but de faire adopter votre idée dans la pratique, vous vous êtes forcément mis en rapport avec tous ceux qui exercent ou veulent exercer une influence politique quelconque, c'est-à-dire avec presque tout le monde. Vous n'avez pas songé, en vous adressant ainsi à la masse du public, aux deux grands inconvéniens (*sic*) qui doivent en résulter pour vous. D'abord, il n'y a [*fol. 2*] point encore assez d'idées positives répandues sur le sujet qui vous occupe, pour que vous puissiez être jugé avec connaissance de cause en vous adressant directement à la classe la plus nombreuse. Vous échoueriez donc quand même chacun vous jugerait avec sa raison. Mais avez-vous pu l'espérer? Comment n'avez-vous pas senti que votre marche mettrait en jeu des passions, des intérêts et que ce serait eux qui se chargeraient d'examiner vos démonstrations ? C'est là [1] l'origine du triste accueil que vous recevrez et dont je vous ai tracé en détail la fidèle peinture dans ma première lettre.

Oui, Monsieur, je le répète, je crois que vous avez commis une très grande faute en vous jettant (*sic*) dans la direction que vous avez prise, car vous vous êtes par là mis très gratuitement aux prises avec les passions, et les passions les plus intraitables, contre lesquelles les argumens (*sic*) les plus justes seront toujours impuissans (*sic*).

Cette faute, bien que très déplorable, puisqu'elle tue votre entreprise, me paraît, je vous l'avoue, encore plus étrange et inexcusable. Je ne sais à quelle fatalité l'attribuer, quand je considère combien il vous était facile de l'éviter entièrement, et je suis alors presque tenté de penser que, si vous ne réussissez pas, c'est que vous l'avez bien voulu.

Votre idée fondamentale me semble une bonne fortune des plus brillantes qui se soient jamais présentées à un publiciste.

---

1. Primitivement « le principe », *effacé*.

Mais permettez-moi de vous dire [1], Monsieur, que vous n'en avez pas tiré [2] le [3] meilleur parti possible, ou, pour parler plus exactement, que pour réussir et pour être aussi utile que le comporte votre découverte, il fallait conduire votre entreprise d'après un plan tout [4] contraire à celui que vous avez suivi. En un mot, vous [5] avez [*fol. 3*] mal exploité la mine que vous avez trouvée, et vous avez suivi le filon le plus pauvre et le plus pénible, au lieu de prendre le plus facile et le plus fécond. Voici, selon moi, quel parti vous auriez dû prendre.

Au lieu de suivre votre idée sous [6] le rapport politique ou pratique, au lieu d'examiner [7] l'action qu'elle pourrait avoir sur les institutions [8] existantes, dans l'intention de la faire adopter par les législateurs, il fallait la suivre sous le rapport scientifique ou théorique, il fallait discuter

---

1. « Que », *effacé*.
2. « Tout », *effacé*.
3. Primitivement « parti », *effacé*.
4. « Au », *effacé*.
5. Primitivement « vous n'avez pas exploité la mine que vous avez su », *effacé*.
6. Primitivement « dans », *raturé*.
7. Primitivement « l'influence qu' », *effacé*
8. « Sociales », *effacé*.

son influence sur la théorie de la science sociale, afin de la porter, comme elle peut l'être, au rang des principes fondamentaux de cette théorie.

Veuillez considérer, Monsieur, quel beau jeu vous aviez dans cette carrière ! D'abord, ne vous adressant par là qu'aux hommes qui cultivent les sciences morales et politiques, vous auriez été jugé par le raisonnement au lieu de l'être par les passions, vous étiez ainsi en rapport avec vos juges naturels. Cela seul vous garantissait un succès certain, si vous aviez d'ailleurs à présenter quelques idées neuves et [1] justes et [2] par conséquent utiles. Et, sous ce dernier rapport, y avait-il une position plus favorable que la vôtre ? D'une idée comme celle que vous venez de produire, quelle masse de vérités importantes vous aviez à faire jaillir dans la science sociale ! Je me bornerai dans cette lettre à vous présenter un apperçu (*sic*) extrêmement incomplet de ce que vous pouviez faire dans cette direction.

Vous saviez mieux que personne, Monsieur, puisque c'est vous qui l'avez dit net-

---

1. « Et », *raturé*, car il y avait primitivement une virgule.
2. « Util[es] », *effacé*.

tement le premier, que la seule politique raisonnable est l'économie politique. Or, l'économie politique n'est point encore [1], à proprement parler, une science, et, pour le devenir, il lui manque une base. Elle possède bien un grand nombre de vérités positives [*fol. 4*], mais ces vérités ne sont guères (*sic*) jusqu'à présent que des observations détachées et forment plutôt un recueil qu'un ensemble. Quoiqu'il soit aisé de les arranger de [2] manière à leur donner un air de méthode et d'enchaînement, tout cet appareil scientifique n'empêche point que leur incohérence ne se laisse appercevoir (*sic*) par des yeux un peu exercés. En un mot, tous les bons esprits qui ont étudié cette science sentent bien [3] qu'elle n'a point de base réelle et générale [1]. Lui en donner une est, à mon avis, ce qu'on peut faire aujourd'hui de plus important pour les progrès de la science. Or, ce but me semble rempli par votre idée fondamentale : *la propriété est l'institution la plus importante de toutes, et elle doit être constituée de la manière* [4] *la plus favorable à la pro-*

1. Le lecteur voit bien que le mot *base* doit être entendu ici dans le sens de lien, de principe, d'idée fondamentale. (Note de Comte.)

---

1. « Une science », *effacé*.
2. « Façon », *effacé*.
3. Primitivement « qu'il lui », *effacé*.
4. Primitivement « dans l'intérêt », *effacé*.

duction. Toutes [1] les vérités acquises en économie politique me semblent pouvoir se rattacher à cette belle idée, et, par là, elle fournit les moyens de faire enfin la véritable science politique fondée sur les observations économiques. Quel beau travail ce serait, Monsieur, que celui de l'arrangement [2] de cet ensemble, de la formation de la politique positive !

Je [3] me contente pour le moment de cette indication sommaire. Si mes réflexions vous paraissent avoir quelque intérêt et pouvoir vous être de quelque utilité, je vous adresserai plus tard un travail un peu plus développé sur l'économie politique, c'est-à-dire sur la politique positive. J'examinerai [4] les progrès principaux que cette science a faits jusqu'à présent, d'abord entre les mains de ses fondateurs les économistes Français (auxquels, soit dit par anticipation, on ne rend point aujourd'hui assez de justice), et, successivement, entre celles de Smith, de Malthus et de M. Say.

1. Primitivement « cette idée me », *effacé*.
2. Primitivement « la formation », *effacé*.
3. Le manuscrit, à partir d'ici, est écrit en caractères plus fins : il semblerait que Comte avait écrit les lettres jusque-là et qu'ensuite il les ait reprises.
4. « Que », *effacé*.

Il est même possible que je vous présente plus tard quelques considérations de morale, car je ([*page*] *2*) *deuxième lettre* [*fol. 5*] pense que la morale est une science à faire tout comme la politique. Et, en effet, sans avoir nullement l'intention de combattre les principes de morale très respectables et très utiles qui se trouvent en circulation, il est permis d'observer que ces principes sont insuffisans (*sic*). Le plus large et le plus répandu de tous ces principes, celui de l'amour du prochain, n'est, en réalité, que l'expression d'un sentiment, et non une règle de conduite ; presque tous les autres sont dans le même cas. Or, les sentimens (*sic*) les plus estimables en eux-mêmes sont presque toujours stériles pour le bonheur de la société, et lui sont même quelquefois très nuisibles, quand leur action n'est pas guidée[1] par des connaissances positives. Pour m'en tenir à l'amour du prochain, dont presque tous les autres principes ne sont guères (*sic*) que des modifications diverses, n'est-il point évident que si ce principe n'est pas dirigé dans son application par la connaissance des moyens d'être utile au prochain, le bien

---

1. Primitivement « dirigée », *effacé.*

d'autrui pourra souvent n'en pas résulter ? C'est un fait d'observation banale que les bonnes intentions conduisent souvent, par le défaut de lumières, à des actions très funestes. Ce qu'il y a de plus important, ce n'est donc pas de chercher à créer chez [1] les hommes tel ou tel sentiment, car tous les efforts qu'on fait pour cela sont presque toujours inutiles ou infructueux, mais bien de chercher à utiliser pour l'espèce les sentimens (*sic*) dont les individus [2] sont animés, en leur enseignant les moyens positifs [3] d'être utiles à leurs semblables, car la nature a assez disposé les hommes à s'aimer pour qu'ils saisissent l'occasion de s'être réciproquement utiles, dès qu'ils en voient le moyen d'une manière nette.

Il me semble donc que, sans mériter d'être accusé [4] du désir de bouleverser [5] l'ordre social, on peut très bien penser et même dire des principes de morale qui sont en circulation, que ces principes sont tout à fait insuffisans (*sic*) ; et que, par

1. Primitivement « dans », *effacé*.
2. Primitivement « les hommes », *effacé*.
3. Primitivement « de s'être [réciproquement] », *effacé*.
4. « Sur », *effacé*.
5. Primitivement « la Société », *effacé*.

suite, en admettant même que tous ces principes sans distinction soient conformes en tous [*fol. 6*] points aux vrais intérêts de la société, on peut désirer la formation d'une science morale positive. Cette science, de même que la politique, me paraît devoir être entée sur l'économie politique, car je pense que les règles morales, comme les institutions politiques, doivent être jugées d'après [1] l'influence [2] qu'elles exercent ou peuvent exercer sur la *production*. Quel examen intéressant que celui de toutes les coutumes et dispositions morales, comme, par exemple, la charité, considérées de ce point de vue, et, par conséquent, jugées pour la première fois sans déclamation et d'une manière tout à fait positive ! Voilà pourtant à quoi vous conduisait votre idée, voilà ce que vous avez dédaigné.

Voyez, Monsieur, quelle vaste et belle carrière vous pouviez parcourir ! Elle était si facile à appercevoir (*sic*) tout entière du point de vue auquel votre idée a dû vous porter, que si vous ne l'avez point suivie, je ne saurais supposer que ce soit pour ne pas l'avoir connue. Je pense plu-

---

1. Primitivement « leur », *effacé*.
2. Primitivement « sur », *effacé*.

tôt que c'est le noble désir de voir votre idée fructifier promptement [1] pour le bonheur des hommes, qui vous a déterminé à la traiter sous le rapport politique [2] ou pratique. Mais, Monsieur, cette passion de la philantropie (*sic*), si touchante et si respectable, nous montre malheureusement plus d'une fois les choses sous un faux jour, et nous conduit à des résultats entièrement contraires à ceux qu'elle nous avait fait désirer. Il vous a semblé et il a dû effectivement vous sembler d'abord que la direction politique est la plus propre à amener promptement l'adoption dans la pratique de la mesure que vous proposez. Mais en n'obéissant point sur-le-champ à cette première impulsion de votre cœur, et en réfléchissant davantage sur ce sujet, vous auriez vu que la prééminence, sous ce rapport, comme sous tous les autres, appartient à la direction que j'ai nommée scientifique ou théorique. Vous n'avez pas considéré, Monsieur, que votre idée serait bien plus aisément et bien plus promptement [*fol. 7*] adoptée par les économistes que par le public auquel vous vous êtes

---

1. « Votre idée », *effacé*.
2. Primitivement « pratique », *effacé*.

malheureusement adressé. Vous n'avez pas considéré qu'elle serait bientôt admise dans la science sociale comme un principe, comme une vérité démontrée, et que, se présentant ensuite à la pratique avec ce caractère, elle serait bien plus favorablement accueillie. Dans quelque science que ce soit, les principes reconnus pour vrais dans la théorie finissent toujours inévitablement par s'introduire dans la pratique, et le vôtre jouirait très promptement de cet avantage, parce qu'il est assez simple pour devenir bientôt usuel.

Ainsi, sous quelque rapport que je considère votre entreprise, je me vois conduit à penser que vous vous êtes entièrement mépris sur la direction que vous deviez suivre [1]. Je vous ai indiqué celle que je crois la meilleure, et c'est avec l'intime persuasion de la préférence qu'elle mérite que je vous indique à la prendre et à abandonner entièrement l'autre s'il est possible. Votre intérêt, celui de votre entreprise, l'intérêt public que vous désirez servir vous y sollicitent également.

J'aurai l'honneur de vous envoyer assez prochainement l'article sur l'économie po-

---

1. Primitivement « prendre », *effacé*.

litique que je vous ai annoncé. Heureux si mes forces et [à] [1] ma position me permettaient de me livrer à des recherches aussi attrayantes et de suivre dans toute son étendue le travail dont je vous ai tracé l'apperçu (*sic*).

Je me ferai connaître en vous adressant cet article.

J'ai l'honneur de vous saluer.

(Ici vient l'enlacement graphique.)

1. « a ». *intercalé.*

DOCUMENT ANNEXE N° II

Notice ‖ sur ‖ Saint-Simon et sa doctrine ‖ et ‖ sur quelques autres ouvrages qui en seraient le ‖ développement.

Manuscrit in-folio de 22 feuillets
(Bibliothèque de la Ville de Paris)
[Ms. 18591, n° 4, in-fol. xive siècle]

REMARQUE

Si la notice commence par le folio 2, c'est que la couverture, selon l'auteur, était chiffrée folio 1.   A. P.

NOTICE

SUR

SAINT-SIMON ET SA DOCTRINE

ET SUR

QUELQUES AUTRES OUVRAGES QUI EN SERAIENT LE DÉVELOPPEMENT

[*Fol. 2.*]

Il est peu d'écrivains qui aient été appréciés à leur juste valeur par leurs contemporains, surtout parmi ceux qui ont traité de la politique ou des institutions sociales : l'esprit de parti les a fait préconiser par les uns et dénigrer par les autres avec une égale exagération. Saint-Simon n'a point échappé à ce danger ; il a eu ses détracteurs comme ses enthousiastes ; les premiers n'ont trouvé dans ses écrits que des sujets de critique, tandis que les derniers n'en parlent qu'avec admiration et nous font presque un dieu de l'auteur ; mais ni l'enthousiasme ni la critique ne sont des guides bien sûrs pour conduire à la vérité.

Placé auprès de M. de Saint-Simon en

qualité de secrétaire, dans le temps où il était parvenu à se procurer le plus de moyens de publicité, j'ai cru pouvoir hasarder dans cette notice quelques considérations sur la doctrine du célèbre économiste et sur quelques ouvrages qui semblent s'en être inspirés : mais en donnant mon opinion, je ne prétends nullement l'imposer, et je laisse le public parfaitement maître de la partager ou de la rejeter. L'homme n'est point destiné au repos : c'est une vérité qu'il serait difficile de contester, quand on le voit, sans cesse stimulé par le désir du bien-être, consacrer toutes ses forces à l'acquérir et y user sa vie entière.

Chez l'homme individuel, l'expérience vient avec l'âge, chez les peuples, elle marche avec les siècles. Bien des siècles aussi se sont écoulés, pendant lesquels les peuples n'ont fait que tâtonner et gaspiller leurs forces matérielles en de folles et souvent de funestes entreprises. L'histoire de ces temps ne présente en effet qu'un perpétuel tableau d'actes de force brutale ; ce ne sont que guerres, batailles, combats, invasions, empires fondés et renversés, provinces saccagées, villes ruinées, meurtres, pillages, incendies, violences, massacres et ravages de toutes sortes.

Cependant quelques hommes privilégiés ou inspirés du ciel s'efforcèrent de donner une meilleure direction à l'activité de l'espèce humaine et de la tourner vers le développement de l'intelligence. Ils s'attachèrent à la morale, en relevèrent l'excellence en y plaçant la source du bonheur, et cherchèrent avec plus ou moins de succès à étendre le domaine des facultés intellectuelles. Les uns ont doté le monde de traités de morale plus ou moins parfaits ; d'autres ont donné des systèmes plus ou moins bien conçus d'organisation sociale ; ceux-ci ont avancé les sciences, ceux-là ont perfectionné les arts, et c'est à ces bienfaiteurs de l'humanité que nous devons, avec les progrès de l'intelligence, toutes les inventions qui contribuent à satisfaire nos besoins ou à nous procurer des jouissances.

Néanmoins, tout n'est pas parfait encore et l'homme, essentiellement perfectible, est destiné à marcher constamment vers la perfection, bien qu'il ne lui soit pas donné d'y atteindre. Mais c'est vers l'ordre moral qu'il doit désormais diriger son activité ; la force physique et brutale a fait son temps, son règne est passé ; il n'y a plus ni conquêtes à faire, ni dépouilles à enlever, ni combats à livrer. Les besoins des peuples, comme ceux des particuliers, changent avec leur position, dans le [fol. 3] principe l'organisation des peuples était toute guerrière ; ils ne vivaient que de leur chasse, de leur pêche ou de rapines ; ils avaient une patrie à conquérir ou à défendre, quelque proie à saisir ou à disputer, toujours quelques représailles à craindre, quelques dangers à écarter, leur liberté à conserver ; ils ne pouvaient cesser d'avoir les armes à la main et ne connaissaient d'autre droit que celui du plus fort. Mais, depuis, ils se sont mutuellement reconnu des droits, qu'il ne leur est plus permis de violer : ni leur territoire, ni leur nationalité ne sont plus contestés ; le pillage n'est plus permis, ils ne font plus d'esclaves ; dès lors la guerre n'a plus d'objet, les peuples n'ont plus d'intérêt à la faire, les armes deviennent inutiles, ils gagneraient peu et risqueraient beaucoup à s'en servir. Aussi n'est-ce plus la nécessité de combattre qui occupe les peuples, mais bien celle de tirer de leur position tous les avantages qu'elle comporte ; ils sentent qu'ils ne peuvent plus attendre leur bien-être que de l'abondance ou de la perfection des produits de leur sol et de leur fabrique, et c'est vers le travail et l'industrie qu'ils tournent leurs espérances et leurs efforts.

Telle est aujourd'hui la position de tous les peuples et le besoin qui les presse. Les institutions qui leur convenaient dans les premiers temps de leur existence ne peuvent plus leur convenir à présent que leur condition n'est plus la même : le malaise général qui travaille la société, cette inquiétude vague qui la tourmente, cette attente, on pourrait dire cette avidité des choses nouvelles qui la pousse vers l'avenir, ne révèlent que trop la caducité de ses vieilles institutions et le besoin qu'elle a de s'en donner de nouvelles. Aussi, pour peu qu'on y veuille sérieusement réfléchir, est-il difficile de ne pas reconnaître que notre époque est incontestablement celle d'une transformation universelle dans l'organisation sociale des peuples.

Cette époque si grande et malheureusement si peu comprise encore, Saint-Simon l'avait pressentie longtemps à l'avance ; ses méditations, ses travaux avaient pour objet de démontrer la nécessité de cette transformation et d'en indiquer les bases, et ses écrits ont donné aux esprits une impulsion qui n'aura pas peu servi à déterminer l'avènement de cette grande métamorphose sociale.

M. de Saint-Simon n'était pas jeune lorsqu'il entreprit d'écrire sur l'Économie politique, il avait alors près de quarante ans, et son œuvre est le fruit de longues et profondes méditations. Les grands évènemens qui s'étaient déroulés sous ses yeux, de nombreux voyages en pays étrangers, ses relations avec une foule d'hommes de toutes les nations et de tous les états avaient puissamment contribué à étendre et (ses écrits) [1] (*sic*) ses idées, et l'avaient élevé au-dessus de ces préjugés qui égarent et dont les meilleurs esprits ne savent pas toujours se dégager.

Il était issu d'une famille illustre, et la nature ne l'avait pas moins favorisé que la naissance ; une taille de cinq pieds huit pouces, des traits réguliers, une physionomie intelligente et noble, une large poitrine, des membres proportionnés et bien pris, une constitution robuste, un esprit vif et pénétrant, un caractère franc et généreux, une humeur naturellement grave sans être triste ; tels sont les avantages que possédait M. de Saint-Simon : si l'on joint à cela l'usage du monde, une grande expérience des hommes et un grand fonds

---

1. « Ses écrits » *biffé*.

d'indulgence pour leurs faiblesses, le tableau sera complet.

M. de Saint-Simon eût pu se passer, comme on le voit, de l'éclat de la naissance ; aussi en fesait-il [sic] bon marché, et bien qu'il ait écrit quelque part qu'il descendait de Charlemagne, je l'ai plus d'une fois entendu se moquer de l'authenticité de l'arbre généalogique de sa famille, que j'avais vu étalé avec ostentation chez son frère puîné le marquis de Saint-Simon, grand d'Espagne de première classe, [fol. 4] arrivé de la péninsule Ibérique peu après la restauration, lequel épousa dans l'année une riche et noble héritière de la place Vendôme, qu'il abandonna le jour même des noces, au sortir de l'église, et qu'il envoyait s'asseoir au banquet nuptial, où elle l'attendit vainement, entourée des conviés, tandis qu'il touchait la dot chez le notaire et courait sur la route de Naples la manger avec une actrice du théâtre San Carlo.

M. de Saint-Simon était déjà capitaine de cavalerie avant sa dix-neuvième année, grâce bien plus à sa naissance qu'aux belles qualités dont il était pourvu, lorsqu'il partit vers la fin de 1779 pour l'Amérique, où il servit la cause de l'indépendance, sous les ordres de MM. de Bouillé et Washington, qu'il ne quitta qu'à la paix.

Il connaissait la Cour et les Grands en quittant la France; sa position lui ouvrit de nombreuses relations dans le nouveau monde et le mit à même d'approcher et d'étudier les hommes les plus considérables du pays. Le séjour qu'il y fit, le spectacle d'un peuple se redressant à la liberté, les diverses scènes du drame politique dont il venait d'être acteur ou témoin lui avaient fourni trop de sujets de réflexions et de précieux enseignemens pour qu'il n'eût pas beaucoup appris quand il revit l'Europe.

A son retour après la paix, il fut fait colonel, quoiqu'il n'eût pas achevé sa vingt-troisième année; mais il abandonna bientôt cette position qui ne s'accordait plus avec ses goûts. Deux projets, qui n'eurent de suite ni l'un ni l'autre, l'attirèrent successivement, le premier en Hollande où il passa un an, le dernier en Espagne où il en passa trois.

La Révolution était commencée lorsqu'il revint en France; elle suivit son cours, sans qu'il voulût y prendre aucune part, dit-il dans le premier fragment de sa vie, à cause des torts qu'il remarquait également dans tous les partis. Durant le fort de la bourrasque et jusqu'en 1798 il ne s'occupa que de spéculations financières, dont quelques-unes donnèrent des résultats avantageux et lui fournirent des fonds qu'il consacra bientôt aux préliminaires de sa carrière publico-littéraire.

Dégagé d'autres soucis à cette époque, son activité se tourna tout entière du côté de l'économie politique, il ne s'occupa plus que du projet auquel il avait déjà songé plus d'une fois de traiter cette matière. Mais avant de mettre la main à l'œuvre, et malgré toute la confiance que pouvait lui inspirer l'expérience d'une vie aussi remplie que la sienne, il voulut, en homme consciencieux, s'entourer de tous les secours possibles.

Pendant quatre ans il fréquenta les cours des professeurs les plus célèbres, il rechercha la société des savans et des artistes, qu'il attira chez lui en leur faisant grande chère ou en leur ouvrant sa bourse, et ne négligea, n'épargna rien pour s'éclairer de leurs lumières; enfin, pour compléter son instruction, il entreprit de nouveaux voyages : la paix d'Amiens lui permit de passer en Angleterre; peu de temps après il était à Genève; il parcourut ensuite une partie de l'Allemagne; et ce ne fut qu'après tant de préparatifs qu'il prit la plume.

Les *Lettres d'un habitant de Genève*, son premier ouvrage, ne renfermait (*sic*) que des vues générales et ne pouvaient être considérées que comme un essai de l'auteur. Six ans après, en 1808, il fit paraître ses deux premiers volumes de l'*Introduction aux travaux scientifiques du XIX*ᵉ *siècle;* mais peu satisfait, comme il l'avoue dans le premier fragment de sa vie, de la manière dont il avait commencé l'exposition de ses idées, il abandonna ce travail pour le recommencer sur un nouveau plan.

Les plus grands embarras vinrent alors l'assaillir; il n'avait rien recueilli des biens de sa famille, presque tous transmis à son frère puîné, le grand d'Espagne, pour la splendeur du nom; il avait épuisé ses ressources, et ce ne fut qu'à renfort de courage qu'il put continuer son œuvre, au milieu d'une détresse toujours croissante, qui le réduisit à la nécessité de vendre jusqu'à ses habits et de ne vivre souvent que de pain sec. Il fit néanmoins paraître encore, pendant ce temps, des lettres dans lesquelles il traitait séparément différentes questions dont il espérait provoquer une discussion générale et obtenir des solutions qui pourraient servir de principes et de bases pour son système d'organisation sociale, qu'il nomme simplement *scientifique*.

Cependant, plus M. de Saint-Simon avait étudié la matière, plus il s'enfonçait dans l'examen des institutions des peuples [fol. 5] modernes, plus les vices qu'il y remarquait le confirmaient dans l'opinion qu'il était indispensable de remanier entièrement ces institutions pour les mettre en harmonie avec les mœurs et la civilisation du temps. C'était donc une révolution à faire; mais il la concevait toute pacifique et préparée par l'opinion; il voulait l'amener par les idées et non par la violence. L'entreprise était grande, et les moyens lui manquaient pour propager, pour vulgariser ces idées : il était, comme on vient de le dire, dans un dénuement complet, il fallait avant tout surmonter cette difficulté.

1816 arriva, il connaissait, dans le parti qu'on nommait *libéral*, quelques hommes éminens dont les opinions se rapprochaient beaucoup des siennes : il leur offrit de publier chaque mois un volume broché, de trois à quatre cens pages, composé d'articles divers sur les arts et les sciences, rédigés dans le sens de ces opinions, s'ils pouvaient, de leur côté, lui ouvrir par voie de souscription, un crédit de 10,000 fr.

aussi par mois, pour frais de rédaction et d'impression : la proposition fut acceptée.

L'affaire ainsi conclue, M. de Saint-Simon vint occuper un appartement convenable, rue de l'Ancienne Comédie, dans le grand hôtel, n° 18, presque au coin de celle des Boucheries Saint-Germain. Ce fut alors qu'il m'appela auprès de lui en qualité de secrétaire. Je l'avais connu en 1814, ainsi que M. Augustin Thierry, son fils adoptif, dans le voisinage de l'Arsenal, et j'avais eu quelques occasions de travailler pour eux; j'acceptai l'emploi qu'il m'offrait, et je devins leur comensal (*sic*), d'autant plus volontiers que j'avais conçu pour l'un et pour l'autre des sentimens d'estime que j'ai toujours conservés.

M. de Saint-Simon avait déjà choisi ses collaborateurs. Tous les jeudis il les réunissait à sa table avec quelques amis. On discutait, dans ces réunions composées de gens de lettres et d'artistes, les sujets à traiter dans le volume du mois. M. de Saint-Simon écoutait plus qu'il ne parlait pendant les débats, qu'il avait soin de ramener et de maintenir sur la question, quand ils s'en écartaient; puis il en fesait ensuite le résumé avec une justesse et une précision remarquables.

Parmi nos convives, dont le temps m'a presque fait oublier les noms, il en est quelques-uns cependant que je rappelle (*sic*) encore : MM. Scheffer, dont les deux aînés étaient connus, l'un par son talent dans la peinture, l'autre par quelques productions littéraires, et Ary, charmant adolescent qui, depuis, a sçu se placer aussi parmi nos meilleurs peintres à côté de son frère; M. de Saint-Aubin, ancien tribun, qui traitait les matières de finances; M. Bougon, chirurgien ordinaire de la duchesse de Berry, chargé de rédiger les articles relatifs à son art; M. Magnien, professeur au collège Bourbon; et l'un de (*sic*) MM. Didot. Quant aux souscripteurs dont les prestations fournissaient aux frais de l'entreprise, je n'en puis dire le nom; j'ai toujours ignoré qui ils étaient; je sais seulement que c'est chez M. Laffite (*sic*) que j'allais tous les mois toucher les 10,000 fr. convenus.

Pendant que nos rédacteurs s'occupaient à remplir le volume du mois, M. de Saint-Simon ne restait point oisif; il passait ordinairement toute la matinée au travail, et prolongeait rarement la séance au delà de midi; le reste du jour était consacré aux courses, aux visites, aux plaisirs. En revanche, la matinée commençait un peu de bonne heure, et souvent fort près de minuit. Dès que le silence et le recueillement de la nuit permettaient à M. de Saint-Simon de saisir une idée qu'il ne voulait pas perdre, la sonette raisonnait (*sic*) et me fesait quitter le lit pour prendre la plume : il dictait et me renvoyait ensuite coucher, sauf à me rappeler aussi souvent que ses inspirations venaient à l'exiger.

Plusieurs mois s'étaient écoulés ainsi, lorsque, pour des causes que je n'ai jamais bien sues, la subvention mensuelle prit fin, et avec elle l'espèce de société dont elle était la base. M. Thierry s'était séparé depuis peu de M. de Saint-Simon pour vivre indépendant; je le quittai aussi pour suivre une carrière moins ingratte (*sic*). Cette résolution, commandée par la circonstance, ne changea rien à nos sentimens respectifs; j'ai continué à le voir jusqu'à mon départ de Paris pour un voyage dans le Midi, alors qu'il habitait dans la rue Montmartre et travaillait avec M. Auguste Comte, son élève.

[Fol. 6.] A l'époque de cette dispersion des hommes dont il dirigeait les travaux, M. de Saint-Simon n'avait encore ni donné ni même conçu aucun système particulier d'organisation sociale ou même *scientifique*, selon son expression. Il n'avait fait jusque-là que présenter quelques aperçus, ou soulever des questions détachées; mais il n'avait ni lié ses matériaux ni élevé l'édifice. Son plan n'était point arrêté; ses idées étaient si vagues, si confuses, qu'il lui était impossible de les exposer clairement et de faire comprendre ce qu'il n'entrevoyait lui-même que très imparfaitement; aussi arrivait-il presque chaque fois que nous reprenions l'ouvrage, qu'après m'avoir fait lire ce qu'il avait dicté dans la séance précédente, il le déchirait ou le jetait au feu en me disant de prendre une autre feuille.

Malheureusement sa première éducation avait été très négligée sous le rapport des études, ainsi que cela se pratiquait généralement chez les gens de qualité. Il a souvent raconté qu'il avait abandonné fort jeune la maison paternelle, après avoir récompensé d'un bon coup de canif dans la partie postérieure et basse du torse, un imprudent précepteur qui avait voulu le soumettre, à l'âge de quatorze ans, à l'humiliante punition du fouet pour stimuler ses efforts studieux. Au surplus, M. de Saint-Simon, né le 17 octobre 1760, était au service en 1776, c'est-à-dire à l'âge de seize ans; or, il était impossible qu'à cet âge, surtout à l'époque dont il s'agit, un jeune homme eût fait de bonnes études, et peut-être ne lui a-t-il manqué que cela pour atteindre [aux plus grands résultats [1]] beaucoup plus haut dans sa carrière scientifique.

Quoi qu'il en soit, c'est cette obscurité de ses idées, son incertitude du principe auquel il devait les rattacher, qui amenèrent le départ de M. Augustin Thierry. Le jeune savant qui, depuis, s'est placé si haut par ses *Lettres sur l'histoire de France* et sa *Conquête de l'Angleterre par les Normands*, tourmenté jusques aux larmes par les pressantes et continuelles instances de M. de Saint-Simon pour obtenir sa collaboration, aima mieux le quitter que de travailler à ce qu'il ne pouvait comprendre. Après cela, je puis avouer sans honte que j'ai reculé, moi aussi, devant la proposition que m'a faite plus d'une fois M. de Saint-Simon de mettre la main à l'œuvre. [J'étais trop jeune encore et trop ami du plaisir pour m'occuper de choses si sérieuses et pour entreprendre d'éclaircir et de tirer des idées encore si embrouillées dans le cerveau du maître [2].] Plus heureux que nous, M. Auguste Comte est arrivé sans doute auprès du publiciste à une

1. Mots rayés.

2. Mots ajoutés en marge.

époque où celui-ci était parvenu à mieux éclaircir ses idées et à les rendre plus intelligibles. Ni le savoir ni le talent ne manquaient, du reste, à l'élève pour faire honneur au maître, ainsi qu'il en a donné la preuve dans la rédaction que lui avait confiée M. de Saint-Simon du *Système de politique positive* qui fait partie du *Catéchisme des industriels*.

L'idée principale de Saint-Simon, son idée capitale autour de laquelle rayonnent toutes les autres, c'est celle de l'importance acquise dans la société par la classe des travailleurs, qu'il comprend tous sous la dénomination générale d'*industriels*.

Un grand changement s'est en effet opéré dans la masse sociale des peuples modernes, depuis l'époque de leur formation; leur organisation, toute militaire alors, comme on l'a vu, ne comprenait que des hommes de guerre, ils étaient tous soldats; aujourd'hui presque tous sont travailleurs, un petit nombre seulement figurent dans l'état militaire, et n'y restent même qu'un temps limité; tant il est vrai que les institutions sociales sont nécessairement dominées par les besoins des masses qui les régissent, et quelles (*sic*) changent avec ces besoins.

Cette transformation de l'ancien état de la société chez les peuples modernes ne s'est point faite brusquement, ainsi que l'a fort bien remarqué M. de Saint-Simon ; elle ne s'est opérée que lentement et par des transitions successives, qu'il a signalées en divisant l'existence de ces peuples en autant d'époques diverses.

Sans le suivre dans la nomenclature de ces différentes époques plus ou moins heureusement caractérisées par l'épithète qu'il leur donne, au moins faut-il reconnaître que la première et la dernière, celle à laquelle nous appartenons, sont parfaitement définies, l'une par le titre d'*époque militaire*, l'autre par celui d'*époque industrielle* [fol. 7] puisque dans l'une ils étaient constamment poussés à la guerre, et que dans l'autre tout les porte au travail et à l'industrie.

De toutes les causes qui ont concouru à ce grand changement, celle qui a le plus puissamment contribué à l'amener est, sans contredit, l'affranchissement des communes, qui a successivement fait rentrer dans la masse sociale, en leur restituant la qualité d'hommes, dont la conquête ou la violence les avait dépouillés et qu'elle avait relégués dans la classe des *choses*, une foule d'individus, tous industriels ou travailleurs, qui s'y trouvaient parqués sous la dénomination d'*esclaves*, de *serfs* ou de *vilains*.

L'extrême influence qu'avait eue l'affranchissement des communes sur la constitution du corps social actuel avait assez frappé l'attention de M. de Saint-Simon pour lui en faire mesurer la portée; mais il avait en même temps remarqué qu'en donnant accès dans le corps social à cette masse de nouveaux membres, l'affranchissement ne les y avait point placés au même rang que les anciens, et ne leur avait point accordé les mêmes droits et la même part dans l'administration ou la direction des affaires, laquelle avait été réservée à peu près tout entière aux seuls membres de la société primitive; de telle sorte que les affranchis, quoique réintégrés dans leur qualité d'hommes, de citoyens, de membres de la société civile, restaient néanmoins privés des droits généralement attribués aux anciens membres du corps social; ils continuaient d'être des *vilains*, et supportaient seuls presque toutes les charges de l'État, tandis que les autres en étaient presque exempts; d'où résultait un antagonisme inévitable entre la classe primitive et la classe dernièrement admise.

La révolution de 1790 avait bien eu pour but de faire cesser cet antagonisme et d'améliorer le sort de la classe déshéritée, en lui rendant tous ses droits, c'est-à-dire des droits égaux à ceux de l'autre classe; la Constitution l'avait décidé en principe, mais l'avait-elle réalisé? Non certes, ou du moins, elle n'avait pu consolider son œuvre, puisqu'en définitive il existait encore des catégories; puisque les uns étaient électeurs et éligibles, et que les autres ne l'étaient pas; puisque les uns pouvaient obtenir justice et faire juger leurs différends, tandis que les autres, trop pauvres pour supporter les frais de procédure, étaient forcés d'abandonner la lutte avant la sentence définitive; puisqu'en cas de compétition d'emploi, et à mérite égal entre les concurrens, le plus riche ou le plus protégé l'emportait presque toujours.

Ainsi, dans le fait, la portion la plus nombreuse, la plus utile de la population, celle des travailleurs, des producteurs, de ceux surtout qui n'ont d'autre propriété, d'autre ressource que leurs bras, se trouvait réduite à la misère, accablée de privations et de souffrances; tandis que la portion la moins utile, la plus oisive, la plus improductive, prélevait la plus forte part dans la production, dans les fonctions rémunérées, dans les bénéfices de l'état social.

Le mal général se trouvait encore accru par la distribution vicieuse des emplois, presque toujours confiés à des mains inhabiles : les plus éminens étaient exclusivement réservés à la naissance ou à la fortune, et les autres abandonnés à l'intrigue ou à la faveur, sans égard pour le mérite ou les talens. Point d'études, point de concours, point d'épreuves préparatoires, aucune garantie de capacité à fournir. En vain la raison réclamait-elle contre un pareil abus qu'un peu de jugement eût dû prévenir; car il suffit du plus simple bon sens pour reconnaître que c'est aux hommes les plus capables à diriger les autres.

[Fol. 8.] M. de Saint-Simon avait trop bien compris la nature du mal pour se méprendre sur celle du remède qu'il exigeait. Il avait bien senti que pour redresser le tort et rétablir l'harmonie entre les divers élémens du corps social, il était nécessaire d'en faire avancer la classe retardataire et deshéritée. La cause qu'il entreprenait de défendre était parfaitement juste; car la société ne peut évidemment, sans blesser les lois de l'équité, sans fouler aux pieds les plus simples notions du droit, traiter ceux qui travaillent dans l'intérêt des besoins ou des jouissances de cette même société, moins favorablement que ceux qui ne font rien. Il était donc très naturel, très logique, on peut ajouter très profitable, de faire entendre dans les délibérations d'intérêt public la voix des travailleurs, des producteurs, des industriels, et de leur accorder dans la gestion des affaires de la grande famille dont ils forment la plus importante portion, une part proportionnelle à leur nombre et à leur utilité.

Tel fut, en général, le but des nombreux écrits de M. de Saint-Simon, et particulièrement de son système social, fortement assis dans sa fameuse parabole de 1817, et ensuite largement développé dans son *Catéchisme des industriels*. Il espérait qu'une fois bien sentie, bien reconnue, cette importance de la classe des *industriels* ou *travailleurs*, amènerait l'accroissement de leur influence [politique [1]], ferait élargir leur participation aux bénéfices de la vie sociale, et entraînerait en conséquence le soulagement progressif de cette classe si mal partagée jusqu'à présent.

Déjà il avait tenté, dans la même vue, de lancer les industriels sur la voie, sous la direction des savans, en proposant la for-

[1] Rayé.

mation d'un comité composé des hommes les plus éminens dans l'industrie et dans la science, constitués en congrès souverain, sous le nom de *Conseil de Newton*, qui eût été chargé de réorganiser la société européenne et de régler tous les points d'intérêt général entre les peuples. Mais cet appel n'avait point été entendu, et le publiciste était resté seul à la tâche.

C'est que l'œuvre qui l'occupait n'offrait pas de médiocres difficultés, puisqu'il ne s'agissait de rien moins que de trouver un système d'organisation sociale qui pût concilier les intérêts de tous ; ce qui est un problème des plus considérables qui puissent être proposés à l'intelligence de l'homme.

Quelque jour qu'il ait jeté sur la matière, il n'est point allé jusqu'à résoudre cet immense problème, qui préoccupe toutes les sociétés, et à la solution duquel leur repos est évidemment attaché. Le seul expédient qu'il ait imaginé pour opérer la grande réforme indispensable consiste dans l'exercice du droit de pétition, et au besoin dans le refus de l'impôt. Or, quelle certitude, quelle apparence même y a-t-il que le gouvernement, continuellement entouré de gens intéressés au maintien des abus, dont ils profitent tous plus ou moins, consente à se rendre au vœu des pétitionnaires et accorde les concessions réclamées, contrairement à l'avis de son entourage et de ses conseillers habituels? Et quant au refus de l'impôt, à quoi servirait-il aussi contre un gouvernement toujours assez fort pour se moquer impunément de ses administrés? On a pu voir assez récemment par l'exemple de la Prusse, où l'on avait eu recours à ce moyen, combien il a peu de valeur.

Pour que les abus disparussent, pour que les améliorations, les réformes réclamées pussent être obtenues; en un mot, pour que le moyen de redressemens politiques indiqué par M. de Saint-Simon pût être efficace, il faudrait que les Chambres fussent indépendantes, et que celle chargée de recevoir et d'examiner les pétitions pût avoir son franc parler. [Fol. 9] Mais si cette Chambre, au contraire, est composée de telle sorte que ses décisions soient toujours dictées par le gouvernement, quel espoir reste-t-il aux pétitionnaires, et de quelle utilité peut être le moyen proposé par M. de Saint-Simon pour amener les réformes?

Or, cette indépendance des Chambres sera toujours incertaine, ou pour mieux dire, n'existera jamais, tant qu'il sera permis à l'autorité de se mêler des élections. Rien n'est plus contraire en effet à la sincérité des élections que l'intervention du pouvoir ; il ne peut prétendre à les diriger ou à les influencer qu'en abjurant toute loyauté, qu'en se constituant juge et partie dans sa propre cause ; car les élections sont la mise en jugement du gouvernement, et le sens dans lequel elles se font en est la sentence. Si l'on est satisfait de la marche du gouvernement, l'élection lui enverra des approbateurs et des appuis : si, au contraire, elle lui donne des censeurs, c'est qu'il ne marche pas selon le vœu public et que l'opinion n'est pas pour lui. Le gouvernement qui se permet d'intervenir dans les élections se trahit lui-même ; il avoue qu'il se défie de l'opinion, et par cela même, s'il ne se reconnaît coupable, il se déclare au moins impopulaire et inhabile.

Quel fonds M. de Saint-Simon a-t-il donc pu faire sérieusement sur les Chambres ? Peuvent-elles ne pas appartenir au gouvernement et triompher, au besoin, de son mauvais vouloir, alors que s'il ne les nomme pas directement, il arrive au même résultat avec tous les moyens qu'il possède, et dont il ne se fait faute, pour influencer les électeurs, écarter les candidats qui lui sont hostiles ou suspects et protéger les siens; alors que si quelque velléité d'opposition vient à se manifester dans ces Chambres, si la majorité ne paraît pas disposée à le suivre et à le soutenir en toutes choses, il lui est si facile de ramener la partie et de se faire une majorité à sa guise, à l'aide des emplois, des dignités, des faveurs dont il dispose?

Non seulement il est difficile d'obtenir des élections sincères, c'est-à-dire des élections qui donnent au pays de véritables représentans de l'opinion, mais il est encore très difficile de les conserver tels, exposés comme ils le sont sans cesse à toutes les séductions dont est armé le gouvernement et dont il use largement quand il a besoin de plier des consciences trop fermes et de gagner des voix récalcitrantes.

Peut-être eût-il été possible d'échapper à ce danger et d'arriver peu à peu aux réformes convenables, en assurant l'indépendance des Chambres, si l'on eût soumis à une responsabilité réelle les agens du pouvoir [ses conseillers intimes [1]] et puni sévèrement ceux qui l'eussent poussé ou qui lui auraient aidé à se jouer de la foi publique en touchant au vote, et à paralyser

1. Mots ajoutés.

ainsi les doléances et les plaintes des administrés en travestissant l'expression de leurs sentimens. Les grands coupables ont plus besoin de châtiment que les autres et cependant ils y échappent : cette responsabilité réelle, si évidemment [nécessaire et si justement [1]] réclamée par le bon sens, n'a été admise qu'en principe et pour la forme, mais les moyens de la mettre à exécution sont encore à donner et les réclamations des citoyens restent vouées à la stérilité. M. de Saint-Simon a-t-il indiqué, pour la validité de son grand moyen de réformer la société, les moyens de réaliser cette responsabilité des agens du pouvoir, jusqu'ici fictive ? A-t-il tracé la marche à suivre pour atteindre et faire punir les fonctionnaires sacrilèges qui osent attenter à la sincérité et à la pureté des suffrages ? Pas le moins du monde.

[Le droit de pétition et le refus de l'impôt seront donc des moyens purement illusoires de ramener ou de pousser le gouvernement dans la voie des améliorations, tant que celui-ci réunira dans ses mains toutes les ressources de l'État et pourra séduire ou contraindre, s'il ne lui convient pas de céder au vœu de ses administrés [2].]

M. de Saint-Simon n'ayant rien imaginé

1. Mots ajoutés.

2. Mots ajoutés en marge.

de mieux, n'ayant indiqué aucun moyen de ramener ou de contenir le gouvernement dans son véritable rôle, qui est celui de mandataire, d'agent et non de maître de la société, ne saurait être considéré comme restaurateur d'un ordre social qu'il n'a point donné de vrais moyens de faire changer ; il en a signalé les abus et les vices, il a indiqué certaines conditions à remplir dans le nouveau système qui devra remplacer l'ancien, il a planté quelques jalons sur la route qui mène au but, mais elle reste encore à faire. [Fol. 10] Cependant ses idées ont germé ; les esprits ont été réveillés, excités, et Saint-Simon a été suivi et continué par plusieurs disciples ou prosélytes, qui se sont emparés de sa doctrine et qui l'ont ensuite développée à leur façon et selon qu'ils l'avaient comprise.

. . . .

Quoi qu'il en soit, si M. de Saint-Simon n'a pas indiqué toutes les réformes qu'exigeaient toutes nos institutions, il a du moins appelé sur ce point l'attention des publicistes et des hommes éclairés ; il a surtout cherché à faire améliorer le sort de la classe laborieuse et à lui faire accorder une plus large part dans le rôle que lui assignent nos institutions, en fesant ressortir l'importance et l'utilité de cette portion intéressante de la Société ; il en a exposé les misères, il en a sollicité le soulagement de la part du Gouvernement ; et s'il n'a pu relever autant qu'il aurait voulu cette classe si nombreuse et si peu appréciée jusqu'alors, il n'a cessé d'y travailler ; ses efforts ont eu constamment pour but d'en faire améliorer le sort. Il a donc bien mérité de l'humanité composée presque en entier de ces hommes laborieux et si mal partagés ; aussi n'en parleront-ils jamais qu'avec reconnaissance, et le nom de Saint-Simon sera toujours cher à ceux qui ont conservé quelque sensibilité et quelque pitié pour la souffrance de ceux à qui la Société doit son bien-être et sa jouissance.

BIBLIOGRAPHIE

BIBLIOGRAPHIE [1]

1. ADAM (Ch.-E.). La philosophie en France (première moitié du xixe siècle). *Paris, Alcan*, 1894, in-8.

[8° **R 11932**

2. ALENGRY. Essai historique et critique sur la sociologie chez Auguste Comte. *Paris, Alcan* (thèse), 1899, in-8.

[8° **R. 17367**

3. BLANQUI. Essai sur les progrès de la civilisation industrielle des principales nations européennes. *Paris, Imprimerie de Rignoux*, s. d. (Extrait de la *Revue encyclopédique*, juin 1828).

[**Vp 4891**

---

[1]. Je remercie tout particulièrement M. Hildenfenger, bibliothécaire à la Bibliothèque Nationale, d'avoir eu l'extrême obligeance de bien vouloir revoir avec moi la Bibliographie ainsi que les cotes de la Bibliothèque Nationale que l'on trouvera entre crochets sous chaque désignation de livres.   A. P.

4. BOISGUILBERT (P. DE). Le détail de la France sous le règne de Louis XIV. S. l. n. d. (1699).

[8° Lb³⁷. **4071 A**

5. BOITEAU D'AMBLY. Isaac Pereire et l'œuvre des Pereire. *Journal des Débats* du 24 juillet 1880.

6. BOOTH (A. J.). Saint-Simon and Saint-Simonism ; a chapter in the history of socialism in France. *Londres, Longmans*, 1871, in-8.

[8° Ln²⁷. **47342**

7. CABANIS. Œuvres complètes. *Paris, Bossange*, 1823-1825, 5 vol. in-8.

[Z. **44546-50**

8. CAMP (Maxime DU). Souvenirs littéraires. *Paris, Hachette*, 1882-1883.

[8° L⁴⁶. **50**

9. CARNOT (Hippolyte). Sur le Saint-Simonisme. Lecture faite à l'Académie des sciences morales et politiques. *Paris, A. Picard*, 1887, in-8.

[8° Ld¹⁹⁰. **248**

10. CASTELNAU. Saint-Simon, sa doc-

trine et son influence. Revue germanique (pas consulté).

11. CASTILLE (Hippolyte). Les frères Pereire. *Paris*, 1861, in-32.

[G. **21090**

12. CHARLETY (Sébastien). Essai sur l'histoire du Saint-Simonisme. *Paris, Hachette,* 1896 (thèse présentée à la Faculté des lettres de Paris), in-8.

[8° Ld¹⁹⁰. **251**

13. CHATEAUBRIAND (DE). Réflexions politiques sur quelques écrits du jour et sur les intérêts de tous les Français. *Paris, Le Normant,* 1814, in-8.

[8° Lb⁴⁵. **371**

14. CLAPEYRON. Cf. LAMÉ.

15. COIGNET (Mme). Saint-Simon et les Saint-Simoniens. *Nouvelle Revue,* XX, p. 125.

16. COMTE (Auguste). Système de politique positive. *Paris, les principaux libraires,* 1824, in-8.

[8° R. **6177**

Ce volume a paru précédemment sous le titre suivant : Catéchisme des Industriels. —

14

Troisième cahier. *Paris, 1824, de l'imprimerie de Setier*, in-8.

[Réserve. **R. 2351**

17. [COMTE (Auguste)]. Lettres d'Auguste Comte à Gustave d'Eichthal. *Revue occidentale*, 1ᵉʳ mars 1896 et sqq.

18. COMTE (François-Charles). Traité de législation ou exposé des lois générales suivant lesquelles les peuples prospèrent, périssent ou restent stationnaires. *Paris, Chamerot*, 1826. 4 vol. in-8.

[* **E. 4126-29**

Si le lecteur veut consulter le *Censeur européen*, recueil périodique de M. François-Charles Comte, il le trouvera sous les cotes suivantes :

[8º **Lc². 1037** et fol. **Lc². 1038**

Consultez aussi le *Catéchisme d'Economie politique* de J.-B. Say, où Comte a mis des notes.

19. CONDORCET. Esquisse d'un tableau historique des progrès de l'esprit humain. *Paris, Agasse*, germinal an III (1795), in-8.

[**R. 32166**

20. COURSON (A. DE). Les Réformateurs

des temps modernes. *Paris*, 1848, in-8.

[La Bibliothèque Nationale ne possède pas ce volume.]

21. DÉBATS (Le livre du centenaire du Journal des). *Paris, Plon*, 1889, in-4.

[4° Lc². 4531

22. DUBOCHET (J.-J.). Les routes à ornières de fer, comparées avec les canaux et les routes ordinaires, leurs usages et leurs avantages démontrés.

Cf. *Le Producteur*, 1826, 14ᵉ et 16ᵉ numéros (Bibliographie Saint-Simonienne, p. 42).

23. DUMAS (Georges). Psychologie de deux Messies positivistes (Saint-Simon et Auguste Comte). *Paris, Alcan*, 1905, in-8.

[8° R. 20002

24. DUPLESSIS. Le Saint-Simon inconnu. *Nouvelle Revue*, IV, 376.

25. [EICHTHAL (Gustave D')]. Cf. COMTE.

26. EICHTHAL (Eug. D'). Carlyle et le Saint-Simonisme. *Revue historique*, LXXXII, 292, 306.

27. [EICHTHAL (Gustave D')]. Cf. STUART MILL.

28. FAGUET (Émile). Politiques et moralistes du xixe siècle. *Paris, Lecène et Oudin*, 1898, in-8.
[8⁰ Z. **12086**

29. FAGUET. Le comte de Saint-Simon, à l'occasion de publications récentes. *Revue des Deux Mondes*, CXXIII, p. 856-882.

30. FERDINAND-DREYFUS. Un philosophe d'autrefois : Larochefoucauld-Liancourt. *Paris, Plon*, 1903, gr. in-8.
[8⁰ Ln²⁷. **50199**

31. FERRAZ. Étude sur la philosophie en France au xixe siècle. Le socialisme, le naturalisme, le positivisme (4e édition). *Paris, Didier*, in-8.
[8⁰ R. **497**

32. FIDAO. La portée actuelle de la doctrine de Saint-Simon. *La Quinzaine*, 1er juin 1902.

33. FLACHAT. Cf. LAMÉ.

34. FLINT. La philosophie de l'histoire

en France. Traduction L. Carrau. *Paris, Baillière*, 1878, in-8.

[8° G. 427

35. FOURNEL (Henri). Bibliographie Saint-Simonienne. *Paris, Alexandre Johanneau*, 1833, in-8 de 130 p.

[Q. 5117

36. GOYAU (G.). Les dernières publications sur le Saint-Simonisme. *La Quinzaine*, 5 sept. 1896.

37. GUEROULT (G.). Saint-Simon et le Saint-Simonisme. *Revue Bleue*, XXIII, 292.

38. GUEROULT. Cf. THÉOPHRASTE.

39. HALÉVY (Élie). La Doctrine économique de Saint-Simon. *Revue du Mois*, 10 décembre 1907.

40. HATIN (E.). Histoire politique et littéraire de la presse en France. *Paris, Poulet-Malassis*, 1859, 8 vol. in-12.

[8° Lc¹. 22

41. HATIN (Eugène). Bibliographie historique et critique de la presse périodique française. *Paris, Didot*, 1866, in-8.

[Q. 5254

42. HUBBARD (G.). Saint-Simon, sa vie et ses travaux. *Paris, Guillaumin,* 1857, in-18.

[8º Ln²⁷. **18324**

43. ISAMBERT (Gaston). Les idées socialistes en France de 1815 à 1848. *Paris, Alcan,* 1905, in-8.

[8º R. **19919**

44. JANET. Les Origines de la philosophie de Comte et de Saint-Simon. *Revue des Deux Mondes,* LXXXII, p. 593-631.

45. JANET (Paul). Saint-Simon et le Saint-Simonisme. *Paris, Baillière,* 1878.

[8º R. **1648**

46. LAMÉ. Vues politiques et pratiques sur les travaux publics en France. *Paris, Imprimerie d'Everat,* 1832, in-8.

C'est une étude faite de concert avec MM. Clapeyron, Stéphane et Eugène Flachat.

[V. **43631**

47. LERMINIER. Des questions soulevées par le Saint-Simonisme. *Revue des Deux Mondes,* III, 468.

48. LITTRÉ. Auguste Comte et la philo-

sophie positive. *Paris, Hachette,* 1863, in-8.

[8° Ln²⁷. **4655**

49. LOMÉNIE (DE). Saint-Simon et Fourrier dans la Galerie des contemporains illustres, par un homme de Rien, t. X. *Paris, René,* 1847, in-16.

[G. **23755**

50. MILL (Stuart). Principles of political economy, with some of their application to social philosophy. *Londres, J.-W. Parker,* 1848. 2 vol. in-8.

[R. **43908-9**

51. MURE. Journal of a tour in Greece and the Ionian Islands. *Edimburg and London, W. Blackwood,* 1842, 2 vol. in-8.

[J. **20013-14**

52. PEREIRE. De l'établissement rural de Mathieu de Dombasle, et, à cette occasion, de la possibilité et de l'utilité des associations agricoles. Cf. *Le Producteur,* 1826, mai (2ᵉ cahier), t. III (*Bibl. Saint-Simonienne,* p. 51).

53. PEREIRE (Isaac). Leçons sur l'industrie et les finances, faites à l'Athénée (place de la Sorbonne), par Isaac Pereire.

Extraites du *Globe* des 9, 10, 16, 24 septembre ; 17 octobre ; 2, 13 et 14 novembre 1831. — Suivies d'un projet de banque présenté le 4 septembre 1830 par les frères Pereire. *Paris.*

54. PEREIRE. Notice sur les travaux de MM. Émile et Isaac Pereire. *Paris*, 1859.

55. PEREIRE (Isaac). La question des chemins de fer. *Paris, Motteroz*, 1879, in-8 de 213 p. (avec cartes).

[8° **V. 2497**

56. PEREIRE (Émile et Isaac). OEuvres. *Paris, Alcan*, 1912.... (à paraître). 28 vol. in-8.

57. PICAVET. Saint-Simon et son œuvre. *Revue de la Société des études historiques,* 26 juillet 1894.

58. PINET (Gaston). L'École polytechnique et les Saint-Simoniens. *Revue de Paris*, 15 mai 1894.

59. REYBAUD (Louis). Études sur les Réformateurs. *Paris, Guillaumin*, 1844-1848, 2 vol. in-8.

[**R. 49017-18**

60. REGNIER (J.). Saint-Simon, père du positivisme. *Revue philosophique*, LVII, 136, 157 et 263, 287.

61. RENOUVIER. Politique et socialisme. *La Critique philosophique*, I, p. 337 et 353.

62. RICARDO. Des principes de l'économie politique et de l'impôt. Traduit par F.-S. Constancio, avec des notes par M. J.-Baptiste Say. *Paris, Aillaud*, 1819, 2 vol. in-8.

[R. 20924-25

63. ROBINET. Notice sur l'œuvre et la vie d'Auguste Comte, 3ᵉ édit. *Paris, au siège de la Société positive*, 1891, in-8.

[8⁰ Ln²⁷. 4653. B.

64. ROSSI. Cours d'économie politique (sténographie). *Paris, Ebrard*, 1836.

[R. 51808

65. SAINT-SIMON (M. le comte DE) et Augustin THIERRY, son élève. De la réorganisation de la société européenne ou de la nécessité et des moyens de rassembler les peuples de l'Europe en un seul corps politique, en conservant à

chacun son indépendance nationale. *Paris, Delaunay (de l'imprimerie d'Adrien Egron)*, 1814, in-8 de 112 p.

[Réserve. **R. 2645**

66. SAINT-SIMON (H.) et A. THIERRY. Opinion sur les mesures à prendre contre la coalition de 1815. *(De l'imprimerie de Cellot)*, in-8 de 14 p.

[8° Lb⁴⁶. **278**

67. SAINT-SIMON (H.). L'Industrie, ou discussions politiques, morales et philosophiques dans l'intérêt de tous les hommes livrés à des travaux utiles et indépendants. Cf. *Bibliographie Saint-Simonienne*, p. 17 et sqq., et notre chapitre sur Auguste Comte et Saint-Simon.

68. SAINT-SIMON. Nouveau christianisme. *Paris, Bossange*, 1825, in-8 de 91 p.

69. SAINT-SIMON. Œuvres complètes. [Collection Enfantin.] *Paris, Dentu*, 1868-1875, 10 vol. in-8.

[**R. 49886-49907**

70. SAINTE-BEUVE. Nouveaux lundis. IV, 145.

71. SAY (J.-B.). Traité d'économie politique, ou simple exposé de la manière dont se forment, se distribuent et se consomment les richesses. *Paris, Deterville,* 1803, 2 vol. in-8.

[**R. 21113-14**

72. SAY (J.-B.). Annotation des Principes de Ricardo. 1818.

73. SAY (J.-B.). Catéchisme d'économie politique. *Paris, Imprimerie de Crapelet,* 1815, in-12.

[**R. 50266**

74. SMITH (Adam). Recherches sur la nature et les causes de la richesse. *Paris,* 1802, 5 vol. in-8.

[**R. 24616-20**

75. STEIN. Der Socialismus und Kommunismus. *Leipzig.*

76. [STUART MILL]. Correspondance inédite de Stuart Mill avec Gustave d'Eichthal. *Paris, Alcan,* 1898, in-12.

[8º **Z. 14811**

77. THÉOPHRASTE (Adolphe GUEROULT). Etudes critiques et biogra-

phiques : Emile Pereire. *Paris*, 1856, in-8.

[8° Ln27. **16033**

78. THIERRY (Augustin). Cf. SAINT-SIMON.

79. THUREAU-DANGIN. Histoire de la Monarchie de Juillet. *Paris, Plon*, 1883, 2 vol. in-8.

[8° Lb51. **5144**

80. [VALAT]. Lettres d'Auguste Comte à M. Valat. *Paris, Dunod,* 1870, in-8.

[Z. **46074**

81. VAUBAN. Cf. dans les Économistes français du xviii° siècle : Le projet d'une dixme royale (édition originale, s. l. n. d. [1707], in-4).

[Réserve. **R. 1556**

82. VILLEDEUIL (Marquis P. C. Laurent DE). Bibliographie des chemins de fer. *Paris*, 1898.

[8° **Q. 2504**

83. VITAL-ROUX. Analyse historique de l'établissement du crédit public en France. *Paris, Bossange*, 1824, in-8.

[R. **49622**

84. VITAL-ROUX. De l'influence du gouvernement sur la prospérité du commerce. *Paris, Fayolle,* 1800, in-8.
[R. 49628

85. WALLON (Maurice). Les Saint-Simoniens et les chemins de fer. *Paris, Pedone,* 1908, in-8 de 175 p. (Thèse).

86. WARSCHAUER. Saint-Simon und der Saint-Simonismus (Geschichte des Socialismus und neueren Kommunismus. I). *Leipzig, Fock,* 1892, in-8.
[8º R. 12134

87. WEILL. Un précurseur du socialisme : Saint-Simon et son œuvre. *Paris, Perrin,* 1894, in-16.
[8º Ln27. 42402

88. WEILL (Georges). L'École Saint-Simonienne, son histoire, son influence jusqu'à nos jours. *Paris, Alcan,* 1896, in-18.
[8º Ld190. 250

89. WITT (Emmanuel DE). Saint-Simon et le système industriel (thèse). *Paris, Larose,* 1902, in-8.
[8º F. 14548

ERRATA

Page 105, *au lieu de :* « la séduire », *lire :* « le séduire ».

Page 119, *au lieu de :* « fallait que », *lire :* « fallait pas que ».

Page 122, *au lieu de :* « des ouvriers coudoyant des ouvriers », *lire :* « des ouvriers coudoyant des savants ».

Page 123, *au lieu de :* « un aisance », *lire :* « une aisance ».

Page 128, *au lieu de :* « Curtins », *lire :* « Curtius ».

Page 129, *au lieu de :* « Κἀγὼ… , τον… », *lire :* « Κἀγὼ…, τὸν … »

Page 132, *au lieu de :* « sous », *lire :* « sur ».

Page 136, *au lieu de :* « Hartin », *lire :* « Hatin ».

Page 173, *au lieu de :* « xive siècle », *lire :* « xixe siècle ».

Page 215, *au lieu de :* « application », *lire :* « applications ».

INDEX DES NOMS CITÉS

INDEX DES NOMS CITÉS

A

Adam (Ch.-E.), auteur de *la Philosophie en France*, 207.
Agasse, 210.
Aillaud, 217.
Albinet frères, fabricants, 9.
Alcan, 207, 211, 214, 216, 219.
Alembert, 105.
Alengry, 22 n., 37 n., 67, 207.
Analyse historique de l'établissement du crédit public en France, par Vital-Roux, 220.
André (D.), banquier, 4, 27 n.
André (Dominique), banquier, 8.
Angoulême (duc d'), 69.
Angoulême (duchesse d'), 76.
Annotation des principes de Ricardo (1818), par J.-B. Say, 219.
Arago, membre de l'Académie des sciences, 6, 107.
Arcet (d'), manufacturier, 6.
Ardouin, banquier, 4, 101, 103, 113.
Argenson (d'), député, 7.
Audiffret (Ch.), banquier, 9.
Azaïs, 112.

B

Bacot, fabricant, 9.
Baillière, 213-214.
Bailly, 114.
Barbe, négociant, 8.
Barillon de l'Isle-de-France (Claude-Georges), 4, 27 n.
Bartholdi, manufacturier, 5, 27 n.
Bastérèche, député, 7.

Bazard, 118.
Bellange, manufacturier, 6.
Benjamin-Constant, 78, 82, 110.
Bérard, J., banquier, 5.
Bérard, maître des requêtes, 6.
Bernard (général), 23 n.
Berthollet, pair de France, membre de l'Académie des sciences, 5, 107.
Besson (ainé), négociant, 7.
Beuchot, 72.
Bezançon (ainé), 9.
Bibliographie des chemins de fer (1898), par Laurent de Villedeuil, 220.
Bibliographie historique et critique de la presse périodique française (1866), par Hatin (E.), 213.
Bibliographie Saint-Simonienne, par Henri Fournel (1833), 22 n., 213.
Blainville (de), 66.
Blanc, 27 n.
Blanqui (Adolphe), 114, 207.
Boigues, fabricant de fer, 6.
Boiteau d'Ambly, 133, 208.
Bonaric, négociant, 8.

Bondi, député, 8.
Booth, 23 n., 208.
Bossange, éditeur, 208, 218.
Boucherot, banquier, 5.
Boudet, pharmacien, 6.
Bougon, chirurgien, 94, 187.
Bouillé (de), 182.
Boullay (P.-F.-G.), pharmacien, 5.
Bourdonnaye (de la), 155.
Bournon (Fernand), 86.
Brigode (de), député, 7.
Brillantais, négociant, 9.
Broglie (duc de), pair de France, 5, 107.
Brunet (jeune), négociant, 8.
Buchez (D^r), 118.
Buffault (A.), régent de la Banque, 9.
Burdin (D^r), 39 n.
Busoni, banquier, 5.

C

Cabanis, 117, 268.
Cabanis. Œuvres complètes (1823-1825), 208.
Cabet, 87.
Cadet de Gassicourt (C.-L.), pharmacien, 5.
Caillemer, 129.
Camp (Maxime du), 208.
Campredon (général), 23 n.

INDEX DES NOMS CITÉS.

Carlyle et le Saint-Simonisme, par Eugène d'Eichthal, 211.
Carnot, 117.
Carnot (Hippolyte), de l'Académie des sciences morales, 208.
Caron (F.-A.), ancien agent de change, 5.
Carrel (Armand), 114, 136, 137.
Carrère (J.-B.), négociant, 9.
Casimir Périer, député, 7.
Castelnau, 208.
Castille (Hippolyte), 209.
Catéchisme d'économie politique, par J.-B. Say, 210, 219.
Catéchisme des industriels (1824), 210.
Cellot, 11, 218.
Censeur européen, recueil périodique de François-Charles Comte, 11, 34, 210.
Cerclet, 113.
Chamerot, 210.
Champion (Honoré), 86.
Champy, député, 8.
Chaptal, manufacturier, 5, 107, 110.
Charles X, 123.
Charlety (Sébastien), *préface* x, x n., 209.

Chateaubriand, 13 n., 75, 82, 209.
Chaumeix (André), *préface* xii.
Chauvelin, député, 7.
Chevalier (Michel), 37 n., 118, 132.
Clapeyron, 117, 209, 214.
Coignet (Mme), 209.
Colin (frères), manufacturiers, 6.
Comte (Auguste), 21, 22, 22 n., 23 n., 24, 25, 29, 30, 36, 37, 38, 39 n., 40, 41, 42, 43, 44, 46, 47, 48, 49, 50, 51, 52, 54, 57, 59, 60, 61, 62, 65, 66, 67, 68, 69, 88, 90, 101, 108, 109, 110, 119, 143 n., 152 n., 164 n., 188, 209, 210, 210 n., 211.
Comte, par Gustave d'Eichthal, 211.
Comte (François-Charles), 210.
Comte et la philosophie positive, par Littré (1863), 215.
Condillac, 16.
Condorcet, 117, 210.
Constancio (F.-S.), 217.
Constitutionnel (1825), journal, 112, 137.
Cornisset-Desprez, négociant, 6.

Coste (Jacques), 136.
Cottier (F.), banquier, 4, 27 n.
Cours d'économie politique, par Rossi, 217.
Courson (A. de), 210.
Coutte, 60.
Crapelet, éditeur, 108, 219.
Critique philosophique (La), 217.
Cromwell, 143.
Cun, ingénieur, 128.
Curtius, historien allemand, 128.
Cuvier, secrétaire perpétuel de l'Académie des sciences, 5, 107.

D

Daligny, négociant, 8.
D'Allemagne (René-Henri), bibliothécaire à l'Arsenal, 86.
Dandre (A.), négociant, 9.
Danel, filateur à Passy, 9.
Davilliers (aîné), 4.
Débats (Journal des), 19, 75, 133, 208, 211.
Débats. Le livre du centenaire du *Journal des* (1889), 211.
Decaze (duc), ministre, 26 n.
Delaître, député, 8.

Delambre, secrétaire perpétuel de l'Académie des sciences, 5.
Delaporte, manufacturier, 6.
Delaroche, député, 7.
Delarue, agent de change, 9.
Delaunay, libraire, 11, 218.
Depoully-Schirmer, fabricants, 9.
Delessert (Gabriel), 4, 27 n.
Dentu, 218.
Dernières publications sur le Saint-Simonisme, par Goyau (1896), 213.
Derosne (Ch.), pharmacien, 6.
Derosne (F.), manufacturier, 6.
Détail de la France sous le règne de Louis XIV, par Boisguilbert (P. de), 208.
Didier, 212.
Didot (Firmin), 94, 110, 187, 213.
Doctrine économique de Saint-Simon, par Élie Halevy, 213.
Dreyfus (Ferdinand), 28 n., 105 n., 212.
Dubochet (J.-J.), 114, 115, 211.
Dubuisson (D^r), 33.

Dumas, 23 n., 38 n., 47, 49, 52, 59.
Dumas (Georges), 211.
Dumoustier, fabricant, 9.
Dumoustier, banquier, 6.
Dunoyer, 72.
Duplessis, 214.
Dupluvinage, négociant, 8.
Duruflé, négociant en draps, 7.
Duvergier, 113.
Duveyrier, 118.

E

École polytechnique (L'), par Gaston Pinet (1844), 216.
École Saint-Simonienne (L'), son histoire, son influence jusqu'à nos jours, par Georges Weill (1896), 211.
Egron, imprimeur, 69, 71, 218.
Eichthal (Eugène d'), 24 n., 36 n., 42 n., 44 n., 211.
Eichthal (Gustave d'), 22 n., 24, 30, 36, 38 n., 43, 44, 46, 211, 212, 219.
Enfantin, *préface* VII n., 13 n., 116, 218.
Engelmann (G.), fabricant, 6.

Esquisse d'un tableau historique des progrès de l'esprit humain. par Condorcet (1795), 210.
Essai sur l'histoire du Saint-Simonisme, par Charléty (1896), 209.
Essai sur les progrès de la civilisation industrielle des principales nations européennes, par Blanqui, 207.
Établissement rural de Mathieu de Dombasle, par Pereire (1826), 215.
Étude sur la philosophie en France au XIXe siècle, 212.
Everat, 214.

F

Faguet, 23 n., 102, 212.
Falatien, député, 7.
Ferraz, 22 n., 212.
Fidao, 212.
Figaro (Le), 137.
Flachat (Stéphane et Eugène), 212, 214.
Flint, 212.
Flory, régent de la Banque, 4.
Fock, 221.
Fonds Enfantin, préface VII n.

Fonds Fournel, *préface* VII n.
Fould, banquier, 5, 100.
Fould-Oppenheim, banquier, 5.
Fourcy, 91.
Fournel, *préface* VII n., 2 n., 11 n., 13 n., 22 n., 29, 31 n., 35 n., 38 n., 59, 113 n., 118, 141, 142 n., 213.
Fourrier, 87.
Freville, négociant, 7.

G

Ganganelli, pape, 16.
Globe (Le), 137.
Gohin, négociant, 9.
Gonin, fabricant teinturier, 6.
Goupy (L.), banquier, 5.
Goyau (G.), 213.
Grammont, député, 8.
Gros-Davilliers, 27 n.
Guérin de Foncin, banquier, 4, 27 n.
Gueroult (G.), 213.
Guilhelm, député, 8.
Guillaumin, 214.
Guillaumin, imprimeur, 27 n., 216.
Guiton, 5.
Guizot, 136.
Guyau, 138.

H

Hachette, 208, 209, 215.
Halévy (Élie), 213.
Halévy (Léon), 104, 113.
Halphen, 101.
Hatin (E.), 213.
Hentsch, 27 n.
Hentsez-Blanc, banquier, 5.
Hérédia (Jose-Maria de), membre de l'Académie française, *préface* XII.
Hervé, ancien négociant, 5.
Hildenfenger, bibliothécaire à la Bibliothèque nationale, 207 n.
Histoire de la monarchie de juillet, par Thureau-Dangin (1883), 220.
Histoire politique et littéraire de la presse en France, par Hatin (1859), 213.
Holdelhofer (Ch.), fabricant de Mulhouse, 7.
Holstein, 113
Hottinguer, banquier, 4, 29 n., 101, 107.
Hubbard (G.), 27 n., 214.
Hubert, négociant, 7.
Hubert (d'), négociant, 9.
Humann, 101.
Humblot-Comte, député, 7.

I

Idées socialistes en France, de 1815 à 1848, par Gaston Isambert (1905), 214.
Industrie (L'), journal, 166.
Industrie (L'), par H. Saint-Simon, 218.
Influence du gouvernement sur la prospérité du commerce, par Vital Roux, 221.
Isaac Pereire et l'œuvre des Pereire, par Boiteau d'Ambly, 208.
Isambert (Gaston), 214.

J

Jacquart, 110.
Janet, 214.
Janet (Paul), 214.
Jobez, député, 8.
Johanneau (Alexandre), 213.
Joly (aîné), manufacturier de Saint-Quentin, 7.
Journal des connaissances utiles, 136.
Journal de la librairie, 28, 47, 53.
Journal de Paris, 137.
Journal of a tour in Greece and the Ionian Islands, par Mure (1842), 215.

K

Kœchlin, député, 7.
Kœchlin (frères), 9.

L

Laballe (Edme-Jean-Baptiste), négociant, 9.
Labat (Jean), raffineur de sucre, 7.
La Chevardière, 60, 63, 65, 113.
Lafayette, député, 7, 105.
Lafitte (Eug.), agent de change, 6, 10, 22, 25, 26, 30, 31, 36, 39, 113, 187.
Lançon (I.), négociant, 5.
Lanjuinais, pair de France, membre de l'Institut, 6.
Lamé, 117, 209, 214.
Lanoé (Abel), 28 n., 35 n.
La Rochefoucauld-Liancourt, 27, 28 n., 85, 105, 212.
Larochefoucault (duc de), pair de France, 4, 107.
Larocque, 44.
Larose, 221.
Lasteyrie (de), lithographe, 6.
Lecène, 212.
Lechevallier, 118.
Lecomte, négociant, 6.
Leçons sur l'industrie et

les *finances à l'Athénée*, par Isaac Pereire, 135, 215.
Lefebvre, négociant, 8.
Lemonnier (Élisa), 122 n.
Le Normant, 75.
Lepelletier de Saint-Fargeau, 10 n.
Lerminier, 214.
Lescure (de), 75.
Lethelier, négociant, 8.
Lettres d'Auguste Comte à Gustave d'Eichthal, par Auguste Comte, 210.
Levy-Bruhl, 22 n.
Littré, 24 n., 214.
Loménie (de), 215.
Longuemarre, négociant, 7.
Louis XVIII, 123.
Louis-Philippe, 134.

M

Magnien, 94, 187.
Malthus, 127, 165.
Mandrou (G.), manufacturier, 7.
Manuel, agent de change, 6, 152.
Marchal (Paul), conservateur des imprimés à la Bibliothèque nationale, *préface* xii.
Marchand, négociant, 9.
Marchangy (de), 53, 156.

Martin (Victor), négociant, 8.
Mathieu de Dombasle, 215.
May (Jules), négociant, 8.
Mendelssohn, 101.
Michel, négociant, 7.
Michelet, 91, 97.
Mignet, 136.
Millerai, fabricant, 9.
Moisson, négociant, 7.
Monge, 117.
Monod (Gabriel), de l'Institut, *préface* xi.
Motteroz, 216.
Mouroult, négociant, 8.
Mure, 129, 215.
Mussard, agent de change, 9.

N

Nalèche (comte Étienne de), *préface* xi.
National (Le), 114, 136, 137.
Neffzer, 136.
Notice sur l'œuvre et la vie d'Auguste Comte, par Robinet, 217.
Notice sur les travaux de MM. Émile et Isaac Pereire. Paris (1859), 216.
Nourtier, négociant, 8.
Nouveau christianisme, par Saint-Simon, 104, 218.

Nouveaux lundis, par Sainte-Beuve, 218.
Nouvelle Revue, 209, 211.

O

Odier, manufacturier, 7, 107.
Odiot, orfèvre, 5.
Opinions sur les mesures à prendre contre la coalition de 1815, par Saint-Simon et Augustin Thierry, 82, 218.
Organisateur (L'), journal, 123.
Origines de la philosophie de Comte et de Saint-Simon, 214.
Oudin, 212.

P

Pagès, 72.
Paillard de Cléré, député, 8.
Pangin, 9.
Parker, 215.
Pépin-Lehalleur, fabricant, 9, 107.
Perdonnet, agent de change, 9.
Pereire (Émile), 100, 103, 131, 136, 137, 216.
Pereire (Émile), biographie par Théophraste (Adolphe Guéroult) (1856), 220.
Pereire (Isaac), 100, 101, 103, 121, 122, 126, 127, 133, 135, 136, 206, 215, 216.
Pereire (Émile et Isaac), 99, 100, 102, 108, 114, 115, 118, 120, 121, 124, 125, 132, 133, 134, 135, 138, 208, 215, 216.
Pereire (Émile et Isaac). Œuvres à paraître (en 1912), 216.
Pereire (Les frères), par Castille (1861), 209.
Perier (A.), député, 8.
Périer (frères), régents de la Banque, 4, 27 n.
Perreau, négociant, 8.
Perregaux, ancien banquier, 4, 107.
Perrin, éditeur, 91.
Pesant de Boisguilbert, 127, 208.
Philanthrope d'autrefois (Un): La Rochefoucauld-Liancourt, par Ferdinand Dreyfus (1909), 105.
Philosophie en France, ouvrage d'Adam (Ch.-E.), 207.
Philosophie de l'histoire

en France, par Flint. Traduction de L. Carrau (1878), 213.
Picard (A.), 208.
Picavet, 216.
Pinet (Gaston), 216.
Plon, 105, 210, 212, 221.
Politique (Le), journal, 59, 60, 61, 63, 64, 65, 67, 68, 69.
Politiques et moralistes du XIXe siècle, par Faguet (1898), 212.
Politique et socialisme, par Renouvier.
Portée actuelle de la doctrine de Saint-Simon (1902), par Fidao.
Poulet, 213.
Précurseur du socialisme, Saint-Simon et son œuvre, par Weill (1894), 221.
Prestat, négociant, 8.
Principes de l'économie politique et de l'impôt, par Ricardo, 217.
Principles of political economy, par Stuart Mill (1848), 215.
Pritchard, 118.
Producteur (Le) (1826), 45, 113, 116, 122, 215.
Projet d'une dîme royale, par Vauban, 220.
Proudhon, 87, 127.

Proyart, négociant, 8.
Psychologie de deux Messies positivistes (Saint-Simon et Auguste Comte), par Georges Dumas (1905), 214.

Q

Question des chemins de fer (La), par Isaac Pereire, 216.
Questions soulevées par le Saint-Simonisme, par Lerminier, 214.
Quinzaine (La), revue (1892), 212, 213.

R

Rancourt, 117.
Recherches sur la nature et les causes de la richesse, par Adam Smith (1802), 219.
Redern (de), 106.
Réflexions politiques, par de Chateaubriand (1814), 209.
Réformateurs des temps modernes (Les), par de Courson (1848), 211.
Regnier (J.), 217.
René, 215.
Renouard (Augustin), libraire, 6.

Réorganisation de la société européenne, par Saint-Simon et Augustin Thierry, 72, 217.
Rességuier, 122.
Retouret (Moïse), 118.
Revue bleue, 213.
Revue des Deux Mondes, 214.
Revue encyclopédique, 207.
Revue de la Société des études historiques (1894), 216.
Revue du mois (1907), 213.
Revue occidentale, 23, 31, 34 n., 35 n., 39 n., 210.
Revue philosophique, 23, 217.
Ricardo (David), 127, 217, 219.
Richard-Lenoir, manufacturier, 6.
Rignoux, imprimeur, 107.
Robinet, 37 n., 38, 39 n., 67, 217.
Rodrigues (Eugène), 101, 118, 121.
Rodrigues (Mlle Herminie), 102.
Rodrigues (O.), 28 n., 31 n., 35 n., 72, 100, 101, 103, 113, 118.
Rodrigues (fils), Olinde, 101, 118, 121.

Rohard de Clichy (J.-L.), manufacturier, 5.
Rossi, 127, 217.
Rouen, 113.
Roy, ministre des finances, 4.
Royer-Collard, 124.

S

Saglio, député, 8.
Sandricourt (de), 85.
Santerre, raffineur de sucre, 6, 107.
Saulty, receveur général, 4.
Sautelet, libraire, 113.
Say (J.-B.), professeur d'économie politique, 6, 73, 74, 110, 112, 127, 165, 210, 217, 219.
Scheffer, 94, 187.
Schlumberger, banquier, 7.
Sedillon, négociant, 8.
Sétier, imprimeur, 55, 210.
Simon (Théodore), 9.
Simon, député, 8.
Sismondi, 112.
Smith, imprimeur, 25, 127, 165, 219.
Sociologie chez Auguste Comte, ouvrage d'Alengry, 207.
Souvenirs littéraires, de

Maxime du Camp (1882), 288.

Stuart Mill, 92, 127, 212, 215, 219.

Stuart Mill, par Gustave d'Eichthal, 212.

Système de politique positive, par Comte, 209.

Saint-Aubin, 11, 94, 187.

Sainte-Beuve, 132, 218.

Saint-Simon (Claude-Henri de Rouvroy, comte de), 2, 3 n., 12, 13, 14, 19, 20, 24, 25, 27 n., 28, 29, 30, 35, 37, 38, 39 n., 40, 41, 42, 44, 45, 46, 48, 49, 50, 52, 54, 55, 56, 59, 60, 61, 62, 65, 66, 67, 68, 69, 72, 73, 76, 79, 81, 82, 85, 86, 87, 90, 91, 92, 93, 94, 95, 103, 104, 107, 108, 119, 121, 126, 141, 143, 173, 180, 181, 185, 186, 187, 189, 190, 191, 192, 193, 195, 196, 198, 199, 201, 202, 203, 208, 209, 216, 217, 218, 221.

Saint-Simon, par Augustin Thierry, 220.

Saint-Simon and Saint Simonism, par Booth, 208.

Saint Simon und der Saint Simonismus, par Warschauer (1892), 221.

Saint-Simon (le comte de), par Faguet, 212.

Saint-Simon inconnu (Le), par Duplessis, 214.

Saint-Simon, père du positivisme, par J. Régnier, 217.

Saint-Simon, sa vie et ses travaux, par G. Hubbard, (1897), 214.

Saint-Simon et le système industriel, par Emmanuel de Witt (1892), 220.

Saint-Simon et son œuvre, par Picavet (1894), 216.

Saint-Simon et Fourrier, par de Loménie (1847), 215.

Saint-Simon et le Saint-Simonisme, par G. Gueroult, 292.

Saint-Simon et les Saint-Simoniens, par Mme Coignet, 209.

Saint-Simon, sa doctrine et son influence, par Castelnau, 208.

Saint-Simoniens et les chemins de fer (Les), par Maurice Wallon (1906), 221.

Saint-Simonisme (Sur le), par Carnot (Hippolyte), de l'Académie des sciences morales et politiques (1887), 208.

T

Talleyrand, 79.
Talma, artiste, 6.
Tarrayre, député, 7.
Temps (Le), 137.
Ternaux, député, 8, 26.
Théophraste, pseudonyme d'Adolphe Gueroult, 219.
Thiart (général), 7.
Thierry (Augustin), 11, 71, 82, 88, 186, 188, 219, 220.
Thiers, 136, 137.
Thureau-Dangin, 220.
Toussaint, 122.
Toussaint (M{jle} Julie), 122 n.
Traité d'économie politique, par Say (J.-B.), 219.
Transon, 117.
Tronchon, député, 8.

V

Valat, 40 n., 48, 49, 53, 54, 55 n., 56, 57, 220.
Valpinçon, négociant, 9.

Vanard, négociant, 9.
Vassal, négociant, 4, 27 n.
Vauban, 127, 220.
Verdière, libraire, 28 n.
Vermandois (comte de), 85.
Villedeuil (marquis P.-C. Laurent de), *Bibliographie des chemins de fer* (1898), 220.
Vital-Roux, régent de la Banque, 4, 27 n., 101, 107, 126, 220, 221.
Vues politiques et pratiques sur les travaux publics, par Lainé (1832), 214.
Vues sur la propriété et la législation, par Rodrigues, 28.

W

Wallon (Maurice), 221.
Warschauer, 221.
Washington, 182.
Watt, 128.
Weill (Georges), 22 n., 47, 91 n., 118, 221.
Witt (Emmanuel de), 221.

TABLE DES MATIÈRES

Préface VII

I. Saint-Simon, Auguste Comte et les deux lettres dites « anonymes » . . 1
II. Saint-Simon et l'entente cordiale. . . 71
III. Un secrétaire inconnu de Saint-Simon . 85
IV. Saint-Simon et les frères Pereire. . . 99

DOCUMENTS ANNEXES

I. L'original des deux lettres dites « anonymes » 143
II. Notice sur Saint-Simon 175

Bibliographie. 207

Index des noms cités 223

BESANÇON. — IMPRIMERIE JOSEPH JACQUES.

Librairie ancienne H. CHAMPION, éditeur

5, QUAI MALAQUAIS, PARIS

ALLIER (R.), *professeur honoraire à la Faculté de Paris*. **Une société secrète au XVIIe siècle. La Compagnie du Très Saint-Sacrement de l'autel à Marseille.** Documents inédits. 1908, in-8 de xxix-492 p. . . . 6 fr. »

CHUQUET (Arthur), *de l'Institut*. **Ordres et apostilles de Napoléon** (1799-1815). Tome Ier. Fort volume in-8 de 400 p., avec notes et index . . . . 7 fr. 50

Tome II. Fort volume in-8 de 668 p., avec notes et index . . . . 10 fr. »

COMTE (A.). **Lettres d'Auguste Comte à M. Valat**, professeur de mathématiques, ancien recteur de l'Académie de Rodez (1815-1844). 1870, in-8. . . . . 6 fr. »

Cette correspondance d'Auguste Comte nous montre le fondateur du positivisme à l'Ecole Polytechnique, dans son adolescence ; au sortir de l'Ecole dans ses relations avec Saint-Simon ; la dernière partie nous fait assister à la construction définitive de la Philosophie des sciences.

— **Lettres à John Stuart Mill** (1841-1846). 1877, in-8. 10 fr. »

Ce recueil embrasse une période des plus critiques de la vie de Comte et des plus riches au point de vue de son œuvre, puisqu'elle comprend la perte de sa profession et l'incubation de la politique positive.

MAIGRON (Louis). **Le romantisme et la mode**, d'après des documents inédits, avec une planche en couleurs et vingt-quatre photogravures hors texte. In-8 de viii-250 p. 10 fr. »

Il faut « savoir gré à M. Louis Maigron de garder, dans ses savantes études, cette modération à la Montaigne qui donne tant de grâce à l'érudition. Après *le Romantisme et les mœurs*, M. Maigron vient de publier *le Romantisme et la mode*. Il nous invite à regarder par-dessus son épaule tandis qu'il feuillette cet album de vieux usages. Sourire n'est aucunement défendu, ni même se moquer un peu ; se fâcher serait d'une déplorable philosophie.

« M. Maigron voyage gaiement à la découverte parmi les ridicules d'autrefois. Son plaisir est d'interroger non pas seulement les écrivains et les artistes illustres, mais le monde inconnu des suiveurs, la foule anonyme des *modinomanes*. »   HENRY ROUJON (*Le Temps*).

— DU MÊME AUTEUR, déjà paru et presque épuisé : **Le romantisme et les mœurs** . . . . 8 fr. »

— *En préparation* : **Le romantisme et le sentiment religieux.**

Ducros (Louis), *doyen de la Faculté des Lettres d'Aix*. **Les Encyclopédistes**. In-8 . . . . 7 fr. 50

Jeanroy (A.), *professeur à l'Université de Paris*. **Giosué Carducci, l'homme et le poète**. 1911, in-8, xvi-289 p. 5 fr. »

Oulmont (Charles). La poésie morale, politique et dramatique à la veille de la Renaissance. **Pierre Gringore**. 1911. In-8 de xxxii-383 p. . . . . 7 fr. 50

Dans son Histoire de la littérature française (Paris, 1901), M. Faguet écrivait que Gringore « fut un personnage littéraire de première importance, comme pamphlétaire, orateur en vers, satirique, directeur de théâtre. Toute proportion gardée, comme on pense bien, c'est le Voltaire de la fin du xv° siècle et du commencement du xvi° ». M. Faguet disait aussi que Gringore « est un des hommes les plus intéressants de notre littérature antérieure à la Renaissance, et il est digne d'être l'objet d'une étude détaillée que je ne vois pas qu'on ait écrite. »

Cette étude, la voici : « Sans souscrire tout à fait à ces éloges, dit l'auteur de ce livre dans sa préface, nous avons pensé, nous aussi, que Gringore méritait un livre, et c'est ce livre que nous présentons aujourd'hui au public.... Gringore, devenu Gringoire, masqué, presque méconnaissable, ne fallait-il point le démasquer et lui rendre sa véritable physionomie ? »

M. Charles Oulmont s'y est employé avec élégance, précision et érudition.

— **Etude sur la langue de Pierre Gringore**. 1911. In-8 de vii-152 p. . . . . 4 fr. »

— **Les Débats du Clerc et du Chevalier dans la littérature poétique du moyen âge**. Etude historique et littéraire suivie de l'édition critique des textes et ornée d'un fac-similé. In-8 de xvi-234 p. . . . . 5 fr. »

Rebelliau (Alfred), *chargé du Cours d'histoire des idées et de la littérature chrétienne du XVI° au XIX° siècle, à la Faculté des lettres de l'Université de Paris*. **La Compagnie secrète du Saint-Sacrement**. Lettres du groupe parisien au groupe marseillais (1639-1662). 1908, beau volume in-12 . 3 fr. 50

Champion (Pierre). **La vie de Charles d'Orléans (1394-1465)**. 1911. In-8 et 16 phototypies. . . . . 15 fr. »

— (Édouard). **Les idées politiques et religieuses de Fustel de Coulanges**. In-8 . . . . 2 fr. »

Pereire, Isaac (ou Alfred)
Autour de Saint-Simon

www.ingramcontent.com/pod-product-compliance
Lightning Source LLC
Chambersburg PA
CBHW070632170426
43200CB00010B/1994